慕われる店長とは、
人気のある人、やさしい人ではない。
信頼される人、人望の厚い人である。

慕われる店長になるために大切なこと

はじめに

「仕事が楽しい！」と笑顔で語る店長が、決まって口にする言葉。それは、「スタッフをはじめ、まわりの人に恵まれているおかげ」

感謝を忘れない人は、店を支えるたくさんの人から、「慕われて」います。

いっぽう、仕事がしんどそうな店長にも共通点があります。

「人や、モノゴトの悪いところばかりにフォーカスしている」ところです。

商品が悪い、立地が悪い、スタッフが悪い、お客さまが悪い……。最後は「自分が悪い」「向いていない」「そもそも無理だった」と、自分を責めてしまいます。

そんな毎日、楽しいはずがありませんよね。

ひとつだけ断言できるのは、「最初から慕われる店長はいない」ということ。

「慕われる店長」が、まわりの人たちへ感謝の気持ちを忘れないのは、それが「当たり前」でないことを知っているから。過去に「誰も自分を慕ってくれない」というような、心がひりひりとするような経験を経て、いまがあることを知っています。

店長の本来の仕事は「目標達成」であり、「慕われること」ではありません。でも、あなたが「もっと楽しく働きたい」「店長という仕事を好きになりたい」と願っているなら、これまでとは違った視点で、「店長」という仕事を見直してほしいのです。

本書を読み終わったあとに、

「な〜んだ。店長って、完璧じゃなくていいんだ！」

「こんな店長にだったら、なれるかも！　明日から、楽しいかも！」

そう感じていただけたら、これほどうれしいことはありません。

「店長の元で働けてよかったです！」

多くのスタッフから慕われるよろこびを、知っていただけますように……。

兼重日奈子

第2章

最強のチームをつくる

第3章

慕われる接客のスキル

第4章

自分を磨く、自分をねぎらう

第5章 接客をきわめて道を切り拓こう

編集　山崎潤子
構成　藤原千尋
装丁　加藤愛子（オフィスキントン）
ＤＴＰ　つむらともこ
校正　鴎来堂

プロローグ

理想と現実にとまどい、つらい思いをしているすべての店長たちへ

大好きな洋服や小物に囲まれて、楽しく働きたい。
お客さまの洋服を一緒に選んだり、コーディネートしてあげたい。

本書を手にとってくださったみなさんは、そんなキラキラした夢やあこがれを抱いて、業界に入ってきた人ばかりなのではないでしょうか。

——でも、現実は、なんだか違う。

そんなふうに考えてしまうことはありませんか？

どの会社でも、売り上げにはとてもシビアですよね。
好きなものに囲まれているだけではすまず、それを**お客さまに買っていただかなくてはならない。がんばっているのに結果が出ない**とき、なにをどうすればいいのかわかりませんよね。

スタッフとの人間関係についても、悩みはつきません。

特にアパレルは女性が多い職場です。人間関係のいざこざが起こりやすく、店の雰囲気が悪くなってしまうことも日常茶飯事。胃が痛くなるような問題ですよね。

売り上げや人間関係のストレスに押しつぶされそうになりながら、泣きたくなる夜を過ごしている人も多いのではないでしょうか。


それだけではありません。

仕事中はずっと立ちっぱなしで、疲れもたまる。

バックヤードでは、地味できつい作業も多い。

お給料だって、決して高いわけじゃない。

ただでさえ休みが少ないのに、土日、祝日は休みづらく、友だちや彼氏と予定が合わない。

お客さまからクレームを受けることもある。

将来どうなりたいのかも、よくわからない。


つらい、つらい、つらい。

もう、疲れた。泣きたい。

いっそのこと、辞めてしまいたい――。


店長の目の前には壁ばかりです。四面楚歌になって、仕事を辞めるという選択をしてしまう人がいるのも現実です。

私は、そんな人たちをたくさん見てきました。

店長職というのは、とてもハードな仕事です。

それなのに、10代からショップスタッフとして働きはじめ、22、23歳で店長に昇格するというパターンはめずらしくもありません。

考えてみたらすごいことですよね。

普通の会社であれば、20代はまだまだ新人です。まわりからいろいろなことを教えてもらいながら、ゆっくり仕事を覚えていく年代です。

店長はそんな甘いことを言ってられません。さまざまな業務をこなしながら、スタッフを先導し、売上目標を達成しなければなりません。

――でも、**こんな経験ができる仕事、なかなかないんじゃないか**とも思います。

日本には、どのくらいの数の店長がいるのでしょうか。

デパートやファッションビル、郊外の大型ショッピングモールの各店舗、路面店など……。私はアパレル・ファッション業界を中心に、1万店舗以上のお店を見て、研修・指導を行ってきました。それぞれの店舗に店長がいて、スタッフがいる。たくさんの店長に会い、語り合い、ともに涙したり、よろこびあってきました。

私自身、店長として働いていた時期もあります。みなさんの気持ちが、よくわかるのです。
だからこそ、ひとりでも多くの人に壁を乗り越えてほしいと思っています。
店長職は、本当に、本当に大変な仕事だけれど、同時に、これほどやりがいのある仕事はないとも思っています。店長には、店長にしかわからない、ほかの仕事では決して味わえない達成感・充実感があります。

お客さまによろこんでいただくこと。スタッフとの連携がうまくいくこと。売り上げ目標を達成できること。仕事を通じて得られるよろこびの一つひとつが、宝物のような経験となってみなさんの人生に刻まれるはずです。

でも、これらはひとりではできません。**まわりが協力したくなる人**でなければならないのです。

そのためにはまわりから「**慕われる**」**ことが大切**なのだと思います。

「慕われる」って、どんなことでしょうか。

素敵だな、尊敬できるな、なんとなく好きだなと思ってもらえること。そして、スタッフからは「これからも一緒に仕事がしたい」、お客さまからは「この人から商品を買いたい」と思ってもらえることだと思います。

慕われる店長になるためには、**自分をねぎらい、まわりをねぎらいながら、感謝の心を持って接する**ことが絶対条件。

慕われる店長の先には、かならず売り上げや将来のキャリアがついてくると思うのです。

次章からは、売り上げ、人間関係、接客スキル、キャリアアップなど、これからの時代の店長に必要なことはなにか、なにをどう考えながら仕事に取り組めばよいかを解説していきます。もちろん、まわりから慕われながら、です。

店長って、本当に本当に、すごい仕事です。素敵な仕事です。

ひとりでも多くの人に、そう感じながら、仕事をしてほしいと思っています。

本書を読み終わったころには、みなさんに「よし、明日もがんばるぞ!」と思ってもらえますように……。

生半可な仕事じゃないからこそ
やりがいがある。
乗り越えた先には、
店長にしか見えない景色がある。

第1章

売上アップの知恵と工夫

真の目的と向き合ってみよう

店長の仕事とは、スタッフのシフトや予算を管理したり、レイアウトやディスプレイの指示を出したり、必要書類を作成して本部に提出したり、売り上げが上がるようスタッフを指導したり、売り出しの組み立てを考えたり……。

驚くほどたくさんありますよね。

店長を務めるみなさんは、毎日業務に追われて、「忙しい」「帰れない」「休めない」と悲鳴を上げていることでしょう。その気持ち、痛いほどわかります。

なぜみなさんはこんなにも忙しく、大変な思いをしているのか。考えてみたことはありますか？

あなたが切り盛りをまかせてもらったお店には次のような、真の目的があります。

お客さまに足を運んでいただく。お店のファンになっていただく。

そのために、みなさんは日々数多くの業務をこなし、お店を切り盛りしているのです。ところが、真の目的を見失ったまま、目の前の業務に振り回されて、お店を愛せなくなってしまう店長がたくさんいるのです。

そんな心の状態から脱出するために、まずは目を閉じて、深呼吸。心をフラットな状態に戻してみてください。

心がとがっている状態では、真の目的に向き合うことはできません。

なにより大切なのは、「あなた自身がお店を愛することができるのか？　そしてお店がお客さまやスタッフから慕われることができるのか？」です。その先にかならず、売上アップという結果がついてくるはずです。

問題の本質をつかむ3つの視点

多くの人は、きっと「店内」の問題に頭を悩ませていることでしょう。じつは、これでは本末転倒。店内より店外に意識を向けることが、解決策になります。

「来店数が伸びない」
「スタッフの接客スキルが上がらない」
「スタッフどうしの悪口が絶えない」
「スタッフが頼りにならない」

これらの問題を解決するには、まず問題の本質をつかむことが大切です。

問題の一つひとつを、次の「店づくり」「お客さまづくり」「スタッフづくり」の3つの視点に当てはめてみてください。

そうすることで問題解決の糸口が見え始め、どんなことに力を注げばいいのか見えてきます。

これはどんな現場でも役に立つ思考法なので、ぜひ覚えておいてください。

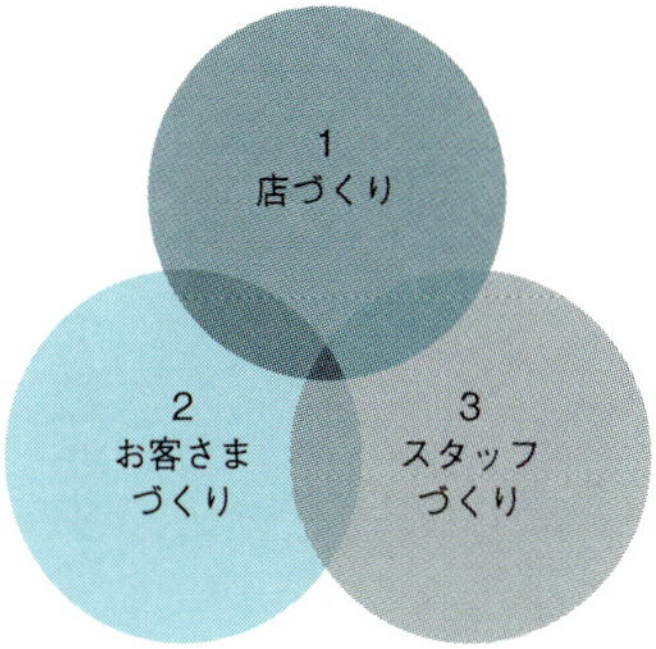

問題点①来店客数が少ない

【視点】店づくり

【問題の本質】魅力的な店頭になっているか？

【解決の糸口】ディスプレイや店内レイアウトを見直してみよう

【やるべきこと】

- ディスプレイやスタイリングを工夫する
- 店内のレイアウトを変えてみる
- 店の掃除を徹底する
- スタッフからアイディアを募る

問題点②リピーターが少ない

【視点】お客さまづくり
【問題の本質】「またここで買いたい」と思っていただける接客ができているか？
【解決の糸口】お客さまの気持ちになって、接客や集客の工夫をしてみよう
【やるべきこと】
● 接客時に入荷やイベントのご案内をする
● SNSなどで入荷やイベントのご案内をする
● スタッフどうしで接客のロールプレイングをする
● スタッフからアイディアを募る

問題点③スタッフの仲が悪い

【視点】スタッフづくり
【問題の本質】スタッフ間のコミュニケーションはうまくいっているか？

【解決の糸口】お互いの気持ちが通じ合えることをしてみよう

【やるべきこと】

- ●スタッフ間の挨拶を徹底する
- ●食事会や飲み会を開く
- ●情報交換ノートをつくる
- ●スタッフからアイディアを募る

問題の本質を具体的につかみ、解決に導く習慣をつけておけば、どんなときも冷静に判断できるはず。店長にしかできない客観的な3つの視点での判断を心がけることで、スタッフから頼られ、慕われる店長に一歩近づくことができます。

お店の大切な資産を最大限に活かすために

3つの視点でつくりあげた「店」「お客さま」「スタッフ」は、**店長のあなたが管理をまかされている大切な資産**です。これを活かすも殺すも、店長しだい。

悩みや問題が生じると、つい「スタッフのせい」「商品に魅力がないせい」「立地が悪いせい」など、犯人探しをして責任を押しつけてしまいがち。それよりも大事なのは、次のことです。

具体的な課題を洗い出す。
大切な資産をうまく使えない理由を突き止める。
資産を活かすために必要なプロセスを考える。

資産の力を最大限に使って、売り上げというゴールまで、どんなプロセスを組み立てるべきか。

このような思考法を身につけることが、店長の大切なスキルです。

真心を伝えてお客さまをつくる

ひとりでも多くの顧客をつくり、お客さま管理をすることは、店長に与えられた重要なミッション。

最近では個人情報の問題もありますが、本部のＯＫがあれば、お客さまとメールアドレスを交換したり、プライベートで親しくなる人もいるのではないでしょうか。

私も店長時代は、仲よしのお客さまとお茶したり、一緒に飲みに行ったり、キャンプに行ったりなど、プライベートで時間をともにすることもよくありました。

結果、お店を慕ってくださるお客さまがたくさん増えました。シーズンごとに来店し、購入されるお客さまが増え、売上アップにつながったこともありました。

こういった個人的なつながりは、「売り上げがほしいから」という気持ちで接すると、それが相手にも伝わって、ブランドの傷になることがあります。特に個人売り制度がある場合、売り上げ目当てでお客さまをお茶や食事にお誘いしたり、メールを送りまくったりすると、いう残念な結果になってしまいがちです。

私は一度もそのような気持ちでおつきあいをしたことはありませんでしたが、「下心」でお客さまに接するのをよしとする店もあるかもしれません。

下心ありきでお客さまと親しくしても、自然と本音が相手に伝わってしまい、しだいにお客さまが離れていってしまいます。そんな関係は楽しくありません。

お客さまもうれしくない、そして自分も楽しくない。そんな「下心」は、顧客をつくるうえでなにひとついいことはありません。

お客さまにメールを送るなら、「お客さまに似合うものが入ったら、いち早く教えてさしあげたい」という真心でなくてはなりません。

売り上げやお客さま管理を第一に考えるのではなく、「またお店に来よう」「あの店長に会いに行こう」と慕ってもらえるような気持ちと行動が大切です。

最近では、フェイスブックやラインなどのＳＮＳで、気軽にお客さまとつながる機会も多いかと思います。しかし、「売り上げのため」「とにかく買ってほしい」ではいけません。

「素敵な商品が入ったので、いち早くお知らせをしたい」という、**相手のことを思う気持ち**を忘れてはいけないのです。

「買ってほしい」ではなく
「もっと素敵になってもらいたい」
という気持ちこそが、
売り上げにつながる。

売り上げを増やす5つの要素

お店の売り上げは、次の5つの要素で決まります。

1　**ブランド力**（他と区別できる特別な価値）
2　**商品力**（ヒット力×供給力）
3　**立地力**（お店の場所）
4　**店頭訴求力**（お客さまが買い求めたくなる売り場づくり）
5　**接客力**（お客さまとの関係づくり）

他社を上回るには、ひとつでも欠けてはいけません。

しかし残念ながら、1〜3はあなたの力ではどうにもならない本社の力によるものです。

店長のがんばりでコントロールできるのは、4の店頭訴求力＝売り場の力と、5の接客力をできるかぎり高めること。この2つが店長に与えられた使命ということになります。

結果が出るのは半年先。あせらず見守ろう

しかし多くの店長は、ついついこう考えがちです。

自分の力で売り上げを増やさなければならない。

自らがプレイヤーとして全力を注がなければならない。

その結果、店長自身が先頭に立って売り上げを確保する環境となり、スタッフを育てることは二の次になってしまいます。

店長ひとりががんばったところで、店頭訴求力も接客力もたかが知れています。どんな業界でも、一人ひとりのスタッフを育て、そして力をつけさせ、チーム全体で力を高めることが、目標達成の一番の近道になります。

しかし、スタッフが育つにはそれなりの時間がかかります。

1ヵ月や2ヵ月では、成果は出せないかもしれません。

もしかしたら、3ヵ月は売り上げが落ちるかもしれません。

そんなときは思いきって本部に、

「今後半年は売り上げが落ちるかもしれません。でも、半年かければスタッフに力がつきます。それまでしばらく待っていただけませんか」

とお願いする。こういったことも、店長の大切な仕事です。本部にそれを伝えるためには、スタッフのことを熟知していなければなりません。

すぐに結果が出なくても気にしない

私の経験から言えば、店長に就いて最初の1年はしんぼうのしどころです。

いまからはじめれば、半年後には結果があらわれます。

それを待ちきれず、店長になってからすぐに職を辞してしまう人も多いですが、なんとか1年はこらえてほしいと思います。店長に着任して早々、「あなたが店長になってから売り上げが落ちた」などと言われても、落ち込む必要はありません。

売上増加は、すぐに結果が出るほど簡単なことではありません。

前任の店長だって、1年2年と時間をかけて売り上げを築いているはずです。

店頭訴求力を高めるためには

店頭訴求力＝売り場の力は、どんなことから成り立っているのでしょうか？
売り場をパワーアップさせるのは、次の5つです。

1　掃除・品出し・検品
2　ストック（在庫管理）
3　ディスプレイ（小物づけ→全身ディスプレイ）
4　コーナーづくり
5　お店全体のチェック

売り場づくりというと、ディスプレイやコーナーづくりばかり考えてしまいがちですが、実際にはこのように、目に見えない大切な作業がたくさんあります。

「店頭」といっても、店先だけ見栄えよくすればいいのではありません。

バックヤードを含めた売り場全体を、トータルで考えなくてはならないのです。

掃除がおざなりでは、売り場に不快感が漂います。

ストック管理ができていなければ、スムーズに商品が出せず、お客さまをお待たせしてクレームになってしまうことになります。

お客さまが買いたくなる売り場をつくるには、これらがひとつとして欠けないよう、チームの中で作業分担する必要があるのです。

得意で割り振り、デコボコを埋める

新人が入ってくると、売り場をパワーアップさせる5つの作業を順番に教えることになります。つまらないと感じられるルーティーンワークにも、ちゃんとした意味があり、大切なことで、どんな作業も責任をもってこなさなければならないことをきちんと伝えながら、1から5までステップアップできるよう、指導していかなければなりません。

しかし、新人だからといって、掃除や検品などの単純作業（ワーク）ばかりでは、仕事の面白みを実感することはできません。ときには思いきって3のディスプレイなど、クリエイティブな仕事（ジョブ）をまかせることで、ステップアップをうながしながら5つの作業の意味を伝えていきましょう。

やる気があると判断した新人なら、1～5の順序にこだわることはありません。スタッフの能力を見抜くことも店長に必要なスキルです。

それぞれの「得意」に応じて仕事を割り振り、全体を見渡して、ヌケがないようにうまくデコボコを埋めていく。それができれば、売り場の力はおのずと高まり、売り上げという結果がついてくるはずです。

店頭訴求力を高めるには、

すべての作業に重要な意味があり、下っ端仕事はないということ。

それぞれの能力や適性に応じて、柔軟に作業を割り振ること。

誰がなにをやるかより、結果として売り上げが上がればよいということ。

このことをスタッフ間で共有し、お店のルールとして浸透させることが必要です。

接客に費やす時間を意識する

売り上げを増やす要素のひとつである「接客力」を上げるためには、どうすればよいのでしょうか。

接客力を高めるためには、お客さまと接する時間をいかに増やすかがカギ。効率的に**ピークタイムをつくること**をつねに考えながら、仕事を進めることが大切です。

接客に集中すべき時間帯は、お店によって異なります。

おもな客層が子育てママなら、午前中から14時ごろまでが接客集中時間になり、そのほかは夕方に作業を当てることになります。

会社帰りの女性なら、夕方から夜にかけてが接客集中時間になるため、その前にほかの作業を終わらせておかなくてはなりません。

接客時間を意識せずに、だらだら作業をしてしまうと、中途半端に接客することになるだけでなく、終わらなかった作業のために残業しなければならないことにもなりかねません。

接客時間をうまく確保するには、お客さまの来店時間を見計らいながら、各自が計画的に時間を使うことが大切です。

自分のお店の接客集中時間はいつか。

ほかの作業はどの時間帯に行うのが望ましいか。

このことをしっかりと確認しておきましょう。

数字の仕組みを知る隠しワザ

お客さまの数や客単価など、店長は数字を増やすアイディアをつねに考えなければいけません。

次の図を参考に、「売り上げ」を「客数」と「客単価」に分けて考えてみましょう。

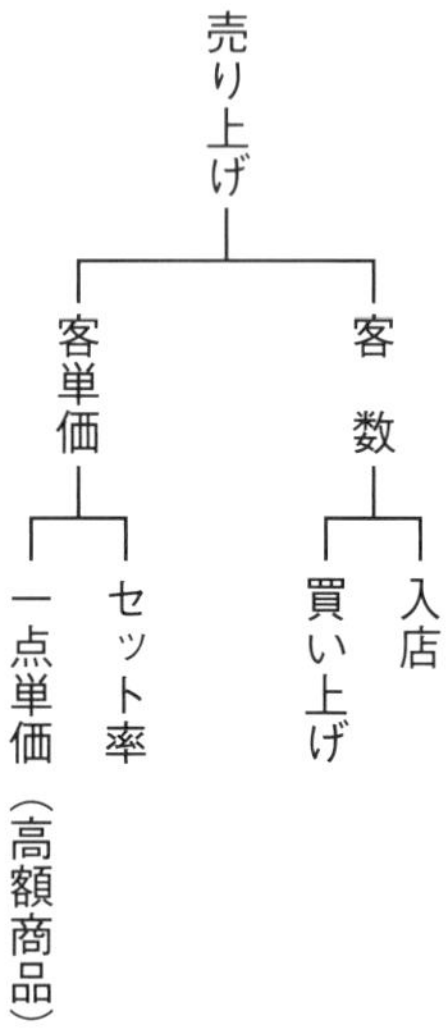

「客数」は、「入店数」と「買上数」に分けられます。「入店数」を増やすべきなのか、「買上数」を増やすべきなのかをはっきりさせ、2つを分けて考えます。

また「客単価」を上げたいなら、「セット率」か「一点単価」か、どちらを増やすのか考えます。

あなたのお店は、数字のどこを上げることに力を注ぐべきなのか。

それに応じて、とるべき行動を考え、実行します。

「それなりに顧客もいる。買上数は悪くない。新規のお客さまの入店数を上げたい」

という場合は、入店をうながすアイディアを考える。

● 活気を出すための声出しのヴァリエーションを増やし、全員で徹底する

（「人気のコート、入荷しました！」「数量限定でございます」など）

● お店の前を通る人が手に取りやすいディスプレイを考える

● お買い得な商品を前面に設置する

「**入店数は多いけれど、買上数が上がらない**」という場合は、お買い上げにつながるような接客に力を入れるためのアイディアを考える。

- アプローチの回数を増やす努力をする
- 試着やクロージングでできる工夫を考える

「**セット率を上げたい**」なら、ひとりのお客さまに対してチームで連携できるアイディアを考える。

- チームの中でコーディネートのアイディアを出し合う
- お客さまが試着室に入ったら、みんなでおすすめを考えてみる

自分たちのお店はどの数字が低いのか。その数字を上げるには、どんなアイディアがあるか。どんな行動に落とし込めばいいのか。

お店の課題を「**数字**」**でとらえ、アイディアへとつなげる**。そんな戦略的な考えができるようになれば、スタッフからも尊敬され、ぐっと慕われることでしょう。

売れる理由は「接客ノート」にあり

モノが売れるには、必ず理由があります。

「商品がよかったから」

つい、そう考えがちですが、必ずしも商品だけが決め手とはかぎりません。

実際、同じ商品でも店舗によって売れ行きは異なります。どれほどよい商品でも、売れないものは山ほどあります。商品以外のどんな要素が売り上げに影響を及ぼすのか。その理由を突き止めましょう。

おすすめしたいのが、スタッフ全員に「**接客ノート**」をつけてもらうこと。

その日の終わりに1日を振り返り、売り上げにつながった自分の行動やお客さまとのやりとりをノートに書き出してみるのです。


「アプローチでは、こんな言葉をかけた」

「3度目のアプローチで、お客さまにこんな変化が見られた」

「試着ではこんな質問をして、何枚おすすめしてみた」

「迷っているお客さまには、こういう言い方をするとよろこばれる」


売り上げにつながった要因を書き出せば、次の実践に活かすことができます。

書きためたものを自分なりに分析して、「こういうときは、こうすれば売れるかもしれない」という結論を導き出すこともできます。スタッフどうしおたがいのノートを共有すれば、それぞれの接客の参考にすることもできます。

接客に正解はありません。

自分だけのやり方では行きづまります。

売れた人のマネをそっくりそのままましても、同じように売れるとはかぎりません。

今日のやり方が、明日のお客さまに通用するともかぎりません。

しかし、さまざまなやり方を積み重ねれば、必ず**自分なりのメソッドが手に入る**はずです。このメソッドを手に入れるのに、「接客ノート」が役立つのです。

店長としては、「**スタッフノート**」もつけてほしいと思います。

「今日はみんなキビキビ動いて、笑顔が多かった。売り上げも昨日よりアップ！」
「お天気がいいと、やはりテンションが高くなるのかも」
「○○さんがいないと静か。悪くないけど、ムードメーカーは大事」
「飲み会の翌週は、売れ行きがいい」

みんながやる気を高めるには、どんな工夫をすればいいか。
売り上げを上げるには、店内の雰囲気をどう変えていけばいいか。
そのヒントを与えてくれるのが、日ごろ綴っている「ノート」なのです。

売れない売り場の法則とは？

反面教師として、典型的な「売れない売り場」の例を挙げてみましょう。

①誰のためのお店かわからない

テーマがあいまいで、ディスプレイもスタイリングもちぐはぐ。「こういう人のためのお店です」というメッセージが伝わってこない売り場です。

たとえば、店頭にはナチュラル系のアイテムがディスプレイされていたのに、店内に入ってみたら、カラフルな小物やインパクトの強いキャラクターグッズが並んでいる。生成りやカーキのお洋服をイメージして入って来られたお客さまは「期待はずれ」と感じてしまいます。

このように、特徴や強みが出せていないお店は、意外に多いもの。テーマを決め、ターゲットを絞り、それにあったディスプレイを考えることが重要です。

②ごちゃごちゃして抜け感がない

商品の分量がやたらと多く、店内がごちゃごちゃしている売り場です（雑多な雰囲気を演出するために、あえてそうしているのなら別ですが）。

商品がたくさん入ってくると、「すべて売ろう、すべて出そう」と考えてしまいますが、詰め込みすぎると、商品が見づらく、取り出しづらくなります。

そんなディスプレイの前で、お客さまが足を止めることはまずありません。お客さまの目を引くためには、ラックや棚に配置する適正量を守り、ほどよい「抜け感」

をつくることが大切です。

実際に、たくさんの商品の中に埋もれ売れていなかった商品を、小物と一緒にディスプレイしたら、またたく間に売れてしまったということもありました。

③清潔感のないストック

ストックやカウンターまわりなど、お客さまから見えない部分が乱れている売り場です。

売れているお店は、ストックがきれいに整理され、ディスプレイにも細かい配慮が行き届いています。対して、売り上げが伸び悩んでいるお店は、ストックが乱れて清潔感がなく、店内にも影響をおよぼしている場合が多いものです。

ストック整理をしただけで、10％も売り上げが伸びたというケースがあります。

毎日は無理でも、週に1度、あるいは月に1度でも、大がかりなストック整理の日をもうけて、売り場環境を整えましょう。

私も店長時代は、ストックやカウンターまわりをきれいにして写真を撮り、「ベストの状態」をみんなで共有して、掃除や整理のチェックに役立てていました。

売上アップのためには店内よりも店外に気を配る

日々の業務をこなしていくと、つい、目の前のことだけに気をとられがちです。スタッフがきちんと接客しているか、ディスプレイや棚が整理されているか……。つまり、どうしても「店内」に意識が向いてしまうのです。

でも、店長の本来の仕事は、むしろお店の外にあります。

自分たちのお店を知らない人にどうやって発信していくか。

どんなイベントを組めばお客さまが来てくださるか。

未来に向けていまなにをすべきかを考えるのが、店長の役割です。

人気店の店長は、空き時間に周囲のお店をまわってリサーチするなど、他店の様子をよく観察しています。

また、お客さまの様子を注意深く見て、

「昼間と夕方とでは、お客さまの層が明らかに違う。それにあわせて、ディスプレイを変えてみよう」

「雨の日にお客さまのバッグやコートが濡れていたら、『おふきしましょうか？』とお声かけをしてみよう」

「外は寒そうだから、マフラーなどの小物を目立つところに置いてみよう」

などといった具合に、接客のすきま時間を見つけては店外に関心を向け、ひとりでも多くのお客さまを引き寄せられるよう、集客のアイディアをあれこれ考えているものです。

また、お客さまの少ない時間を利用して、お店の情報をＳＮＳで発信するという人もいます。時間帯によってディスプレイを変え、写真に撮ってアップし、お客さまに来店していただくのがねらいです。

空き時間は書類作成など、接客以外の仕事にあてるという人も少なくないでしょう。でも、目の前の業務を終わらせるだけでなく、「お店の外側に向けてなにができるか」を考える習慣を、ぜひ身につけてください。

チームワークをないがしろにしない雰囲気をつくろう

最近は、よりたくさん売った人に、インセンティブ（報奨金）を与える個人売り制度を採用しているお店が増えています。

個人売り制度を採用すると、どうしてもスタッフの間でお客さまの奪い合いが生まれ、チームの人間関係が乱れます。結果、店の空気が悪くなり、売り上げの低迷につながる怖れがあります。

私が店長だったころも、本部から個人予算（ひとりが達成すべき目標）をつけるよう指示されたことがありました。「売上意識の低いスタッフをなんとかしたい」というのが導入のねらいでした。

でも、店には売上意識の低いスタッフなどひとりもいませんでした。

そこで私は、個人予算にせず、すべて合算してチーム予算として組み直し、指示されたものと同じ予算を達成することにしました。同じ予算なら、個人でやるよりチームでやったほうが確実に達成できる。そう確信していたのです。

ところが、ほかのお店で同じことを提案すると、「うちではできません」といいます。

個人で稼ぐより、チームでサポートし合うほうが確実なのに。個人売りによって足を引っ張り合うなんて、本末転倒ではないか。

ものすごく残念に思ったのを、いまでもよく覚えています。

会社の方針で個人売りをせざるを得ないところもあるかもしれません。店長の采配で、個人予算を組み直せない場合も少なくないでしょう。そういった場合、店長は個人売り制度による弊害を少しでも取り除くよう、最大限の心配りをしてほしいのです。

売上アップに必要なのは、
売れる原因、売れない原因を
把握すること。
自分で考え、行動すること。

第2章

最強のチームをつくる

尊敬される店長はいばらずに感謝し、ねぎらう

チームリーダーとしての店長に、一番大切なことはなんでしょうか？

スタッフになめられないよう、威厳を示すこと？

なんでもできる強いリーダーとして、尊敬されること？

どちらも違います。

スタッフに「**ありがとう**」**と感謝し**、「**お疲れさま**」**とねぎらう**。これにつきます。

感謝とねぎらいができるのは、リーダーである店長だけ。

逆を言えば、感謝やねぎらいを示すことによって、店長は自然と上の立場に立つことができるのです。いばったりえらそうにしなくても、自然と尊敬されるように

なるのです。

尊敬される店長は、決して上から目線ではありません。

立場は違えど、店長とスタッフは、人としてあくまで対等であるべきです。

私は店内にいるときは、どんなに年下でも、スタッフに対しては敬語で接するようにしていました。

逆に、年上のスタッフやパートの方でも、「どうしたらいいでしょう？」と相談することもありました。

「年上だけれど、店長の自分が指導しなければいけない」などと思わず、彼、彼女らの長所を頼って、お願いするのです。


誰に対しても公平に、感謝とねぎらいをもって接する。

年齢や経験、成績などによって、差別したり態度を変えない。

この心構えがあれば、いつのまにか尊敬され、慕われる店長になれる。
私はそう信じています。

たくさんの敵が味方に変わる瞬間

「店長は、孤独」
そんなふうに感じたことはありませんか？

言うことをきかないスタッフも敵。
無理な注文やクレームを押しつけてくるお客さんも敵。
要求ばかりで言い分を聞いてくれない本部の人も敵。
自分より売れている他店の店長も敵。

「自分の周囲は敵だらけ」と考えて、敵との闘いに身も心もすりへらし、孤独な日々にひたすら耐えている人も多いかもしれません。

私も店長になったばかりのころ、同じように苦しんでいました。スタッフとうまくいかず、孤立して、まさに「周囲は敵だらけ」と思い込んで、つらい毎日を過ごしていたのです。

私の場合、お客さまだけは「味方」でした。お客さまは自分を慕ってくれる。それなら、お客さまを心のよりどころにがんばればいい。そう思っていたのです。

でも、あるとき、ふと思いました。

お客さまもスタッフも、同じ人間。お客さまに慕ってもらえるなら、お客さまに接するようにふるまえば、きっとスタッフからも慕われるはず。

そのことに気づいたときから、私の「敵」は少しずつ消えていきました。

そして「お客さまによろこばれ、スタッフも楽しく働ける、理想のお店をつくりたい」という思いを伝えるうちに、スタッフはともに働く仲間に、本部の人は商品

を届けてくれる大切な人に、他店の店長は切磋琢磨し合う良きライバルに変わり、

やがて周囲の人みんなが「味方」だと思えるようになったのです。

味方が増えるにつれて、本当の敵の正体がわかるようになりました。

それは、次のような人の心です。

「こんな商品、売れるわけがない」

「こんなスタッフじゃ、いい接客なんてできない」

店長やスタッフがこう考えていれば、お客さまの心にも伝わります。

「このお店、なんとなく好きじゃない」

「お店よりネットで買うほうがいい」

このようなネガティブな心こそ、店長が闘うべき相手なのです。

人間関係は鏡のようなもの。
自分が心を開けば、
相手は必ず応えてくれる。

全方向から慕われる店長になる

店長は、「人」を大切にしなければなりません。

「人」とは、スタッフとお客さまだけではありません。

本部の社員、エリアマネージャー、*館《やかた》の担当者。そして、館内で働く警備員や清掃員の方々……。日々、感謝すべき人たちがたくさんいます。

お店は、単純な商品の売り買いだけで成り立つわけではありません。

商品を企画する人、つくる人、仕入れる人、ストックを管理する人、売り場を整える人、接客をサポートする人など、裏側には、じつにさまざまな人が関わっています。

*館……ファッション業界用語。さまざまなブランドのテナントが入る百貨店やファッションビル、ショッピングモールなどの商業施設のことをいう。

お店を回せるのは、スタッフがいるおかげ。
商品を仕入れて販売できるのは、本部の人がいるおかげ。
お客さまに来ていただけるのは、館の人がいるおかげ。
気持ちよく仕事ができるのは、警備員や清掃員の方々のおかげ。

ひとつの商品が売れるということは、誰かひとりの能力や手柄ではなく、多くの人の「おかげ」があって、初めて成り立つ。こう考え、日ごろから感謝とねぎらいを伝えることで、まわりから自然と慕われ、味方が増えていくでしょう。味方が増えれば、仕事がしやすくなるだけでなく、必ず結果がついてくるものです。

本部にも感謝の気持ちを伝える

ある優秀な店長の話です。彼女は目標売上を達成して館から報奨金をもらうと、その一部でちょっとしたお菓子を買って、本部に送るのだそう。

「おかげさまで予算を達成できました。よい商品を送ってくださったおかげです。ありがとうございました」

という手紙を添えて。

こういう気づかいをすれば、当然本部の人もよろこびます。このお店を応援しよう、少しでも力になってあげようと思ってくれます。商品の追加や予算に関する相談などの要望をお願いしやすくなり、聞き入れてもらいやすくもなるでしょう。

本部とお店とは、ともすれば対立してしまいがちです。

商品が売れないと、本部は現場に文句を言う。現場のほうは、商品が悪いと本部に文句を言う。悪循環に陥ってしまうのです。

本部と対立したところで、いいことはひとつもありません。

対立するくらいなら、感謝やねぎらいを伝えて、仲よくなる。仲よくなって、少しでも要望を聞いてもらう。お店にとって、そのほうがずっとトクですよね。

館の担当者、警備や清掃の方への心づかいも忘れずに

本部だけでなく、館の人にも感謝やねぎらいの言葉を伝えましょう。

「一生懸命お客さまを集めてくれたおかげで売れました」

「キャンペーンをしてくださったおかげで、目標予算を達成できました」

館の方は、場を提供してくれる大切な存在。身近にいて協力し合う関係だからこそ、本部以上に仲よくなっておく必要があるとも言えます。

館の方と親しくなっておけば、

「今度イベントをやるのですが、場所を借りるにはどうしたらいいですか？」

「館のホームページに、うちの商品を掲載していただくことはできますか？」

「お客さまの年齢層に絞ってDMを出したいので、ハウスカードのデータをいただけますか？」

誰に対しても
感謝とねぎらいの心を持てば、
仕事がもっと楽しくなり、
必ず結果がついてくる。

こんなお願いもスムーズにすることができ、より効率的にお客さまを集めることも可能になります。

出勤したら館内で働く警備員、清掃員の方々に対しても「おはようございます」と元気よく挨拶をしましょう。勤務中にすれ違ったら、「お疲れさまです」「いつもありがとうございます」とひと声かけましょう。自分たちが働く場を支えてくれる大切な仲間として、感謝やねぎらいを積極的に伝えてほしいのです。

誰にだってほめるべきところがある

スタッフにはそれぞれ、個性があります。

個性をうまく仕事に活かせるようにするのも、店長の役割です。

そのためにはまず、どんな小さなことでもいいから長所を見つけ、積極的にほめてみましょう。

「ほめるところがない場合は、どうすればいいのですか？」

と言う人もいますが、どんなスタッフでも、かならずほめるところはあると信じてください。これを大前提として、**「変化」や「成長」**をポイントに、いいところを探してほしいのです。

遅刻ばかりするスタッフが、定時に出社するようになったら、

「遅刻が減ったね。やればできるじゃない」

口数の少ないスタッフが話しかけてくれたら、

「あなたと話せて、うれしい」

3回失敗していたアプローチが1回でも成功するようになったら、

「1回でも成功すればたいしたもの。自信をもっていいよ」

売り上げが上がらず悩んでいるなら、

「腐らずによくがんばってるね。続けてくれて助かる」

プライベートでつらい思いをしているようなら、「大変な思いをしているのに、よく出勤してくれたね」

小さなことでも、感謝をベースに、ねぎらいながらほめる。

実際よりも2～3割オーバーに、みんながいるところでほめる。

ごほうびとして特別にほめるのではなく、コミュニケーションとしてのほめを、日ごろからたくさん取り入れてほしいと思います。

店長の「足りないところ」を考える

どうしてもスタッフの長所を見出せないときは、店長自身が「自分の足りないところはどこだろう？」と考えてみることも大切です。

私は書類作成が苦手で、本部への提出が遅れがちになることがありました。スタッ

フから「本部からの提出催促の電話がありましたよ」と言われるたび、

「催促の電話を受けさせちゃって、ごめんね」

「抜けてるところを、補ってくれてありがとう」

と反省し、感謝するようにしていました。

店長の自分も、完ぺきではない。

足りない部分を別のスタッフに補われ、助けてもらっている。

そう考えてみると、スタッフのありがたみがわかり、知らず知らずのうちにおたがいをカバーし合っていると気づくこともできます。

書類の提出が遅れるのは決しておすすめできませんが（笑）、「店長もやらかすことがある」という弱みを多少は見せたほうが、人間らしくて、おたがいの親近感も強まるのではないでしょうか。

誰しも弱い部分があり、それを助け合うことで、お店が成り立っている。

この考え方が、チームワークの基本です。

仕事を手放すことのメリット

「やるべきことがあまりにも多くて、スタッフに力をつけさせる余裕がない」

そう思っている人も、たくさんいるでしょう。

これを解決する、とてもいい方法があります。

それは、店長業務をスタッフにやってもらうこと。「店長がすべき」と考えてきた仕事を、**思いきって手放してしまう**のです。

たとえば、シフトを組む。日割りの予算を決める。

考えてみると、これらは店長でなくてもできる作業です。シフトを組むのは、それぞれの予定を調整し、人件費を考慮してスケジューリングするだけ。予算を決めるのも、月間予算から日割りに落とし込んでいけばいいだけです。

やり方を教え、実際にやらせて、でき上がったものを確認する。店長がすべき仕事は「スタッフに仕事を振り分け、最終確認をすること」というわけです。

仕事をまかせることで、スタッフはまちがいなく成長します。まかせられ、それができるようになれば、自信がつき、やる気もわきます。店長とスタッフの信頼関係も深まります。

「店長がすべき」と考えてきた仕事を手放すことで、**スタッフは成長するし、自分も次のステップに進める**という、まさに一石二鳥なのです。

新人の面接に同席してもらう、なんていうのもいいと思います。

面接官をするとなれば、どんな人がお店に必要か、どんな人に働いてもらいたいか、責任をもって真剣に考えることになります。

目の前の仕事だけでなく、お店全体を総合的に見る視野も養われます。

もちろん、最終的な判断は店長の仕事ですが、スタッフの意見を取り入れることで、よりお店のためになる判断も可能になります。

「店長でなければできないこと」はありません。そういった思い込みを捨てることが、いまより魅力的なお店をつくるチャンスになります。

無茶ぶりが稼げるスタッフを育てる

私が店長だったころ、入ったばかりの新人スタッフに「ディスプレイを変えてみて」と突然役目を振ってみたり、店長経験のないスタッフに「今日はあなたが店長ね！　今日は私もあなたの指示にしたがうよ」と、いきなり一日店長をやらせたことがあります。

スタッフからはよく「無茶ぶり店長」と呼ばれていました。

無茶ぶりがすぐに売り上げにつながるわけではありません。むしろ結果が出ず、くやしい思いをさせてしまったこともあります。それでもいいのです。「もう一度まかされたらどうするか」。この答えを探し続けることが、人を成長させるのです。新人だからと雑用ばかりやらせたり、毎日同じ作業だけを繰り返させても、やりがいは刺激されず、つまらない仕事だと感じてしまいます。

失敗してもいいから、大切な仕事をまかせてみませんか。

いまより少しだけ背伸びをさせて、仕事の醍醐味を実感してもらうのです。

私が無茶ぶりをするのは「仕事って楽しい！」「まかされるとうれしい！」と実感し、もっと成長したいと思ってほしいからです。

スタッフは、あなたという店長が不在でも、お店をまわすことができるようになり、頼れる存在に成長するはずです。

結果的に、店長には時間的にも精神的にも余裕が生まれ、「お店をよくするにはもっとこうしよう」と積極的に考えられるようになります。

相手を信じて
「まかせる」ことができれば
自分も人も必ず育つ。

そうすれば……、売り上げという結果がかならずついてきます。

将来的に売り上げを上げられる店長を育てていくことにもつながります。

慕われる店長は、常に「**人を育てる**」ことを考えているのです。

質問を重ねて人を育てる

大事なことを教えるには、説明したりお手本を示すより、「**質問**」が効果的です。

たとえば、私はスタッフにディスプレイをまかせて、疑問を感じたら、「なぜこういうディスプレイを考えたの？」と質問するようにしていました。

こうすれば、自分でディスプレイを考えた理由を言葉で説明する力がつきます。

理由を説明するうちに、おかしな点に気づけば、自分で直すことができますし、

「そういうねらいなら、これとこれならどっちがいい？」

とさらに尋ねてみれば、次の工夫にもつながります。

うまくいかなかったときにも、

「どこがまずかったんだろうね？」

と問いかければ、自分でその原因を考え、答えを探し出そうとします。

失敗の原因がわかれば、次にどう活かせばいいのかを、**自分で考えられるようになる**のです。

尋問にならないよう注意する

優秀なスタッフだった人ほど、店長になると「こうすべき」「これでないとダメ」と、自分なりの正解をスタッフに押しつけてしまいがち。それではスタッフの力は伸ばせません。

お手本となるディスプレイをいくら教えても、スタッフ自身が考えて、心から納得できなければ、決して身につくことはないのです。

そもそも、ディスプレイには正解はありません。

答えを知っているのは、お客さまだけ。お客さまに「いいな」と思ってもらえれば、お手本通りのディスプレイでなくても、それが正解なのです。

大事なのは、お手本をおぼえることではなく、お客さまから「いいな」をもらえるディスプレイを、自分自身であれこれ考えること。

自分で考え、行動できるスタッフを質問で導くことが大切です。

ただし、質問をするときは、「尋問」にならないよう注意してください。

たとえば、正解ありきの口調で、「なんでこんなディスプレイにしたの？」と厳しく問いかけたり、答え探しをさせる「クイズ」もよくありません。

「販売では大切なことが３つあるけれど、あなた、わかる？」

こんな言い方をされると、スタッフは求められる答えを探さなければと萎縮してしまい、自分なりのアイディアを考えることができなくなります。

スタッフを育てるのは、「**スタッフが答えたくなるような**」**質問**であり、「店長が言わせたいことを言わせる」尋問ではないのです。

自分にも質問を投げかける

質問は、お店そのものやチームの強みを再発見するのにも役立ちます。

たとえば、売り上げが低迷すると、自分たちのやり方に自信が持てなくなり、お店のスタイルにブレが出ます。売れているお店とくらべたり、やり方を取り入れたりするうちに、本来の強みがわからなくなり、お店の力がますます弱まってしまうのです。

そんなとき、自分たち（のお店）自身に質問を投げかけることで、お客さまに愛される理由をあらためて探ってみるのです。

とある原宿系カジュアルのお店を例にお話ししましょう。

そのお店は、音楽やアートなどがカラフルにミックスされた、おもちゃ箱のようなインパクトのある店づくりが特徴でした。カラフルなウィッグやド派手なマネキンなど、売り物なのか飾りなのかわからないディスプレイが所狭しと並ぶ、迷路のような空間が魅力だったのです。

しかし、同じ系統の別のお店に売り上げを越されると、そのお店と自分たちのお店を比較するようになり、しだいにそちらのやり方に寄せていくようになりました。それでも売り上げは伸び悩んだまま。店長は体調をくずし、スタッフも減り、さらに売り上げが低迷するという最悪の事態に陥ってしまったのです。

これを解決するために、私は店長と一緒に質問を考えました。そしてスタッフ全員を集めてミーティングを行い、こんな質問を投げかけてみました。

「みなさんのお店でしか体験できないことはなんですか？」

「どんなお客さまに、どんな楽しみ方をしてほしいですか？」

「このお店を通して、お客さまにどんな気持ちになってほしいですか？」

優秀な店長は
自分のお店のいいところ、
スタッフのいいところを
誰よりも把握している。

これらの質問の答えから、起死回生のためのプロジェクトを立ち上げるよう提案すると、スタッフたちはこんな結論を出しました。

「自分たちは、この店のスタイルが好きで働いている」

「大好きなこの店を、お客さまにも楽しんでもらいたい」

「高校生や大学生が、おこづかいを持って遊びに来てくれる楽しい店にしたい」

「そのためには、もう一度あの楽しい店内を取り戻す必要がある」

こうして立ち上げられたプロジェクト名は、

『休みの日には、◯◯（お店の名前）に行こう』

スタッフが理想のお店のイメージを共有した結果、みんなの心がひとつになりました。休みの日にみんなで什器を買いに行き、店には以前のようなディスプレイが復活しました。店頭で着ていた服も「売れ筋を着なければ」ではなく、それぞれが好きなものを選ぶようになり、スタッフ自身がお店を楽しめるようになりました。スタッフがイキイキ働くようになると、店内に活気が戻り、いつのまにか売り上げもメキメキ上がりはじめたのです。

売り上げが落ちると、つい、あら探しばかりしてしまいます。

売れているもののマネをすればいいと考えてしまいがちです。

うまくいかないときこそ、**自分たちの長所やお客さまに選ばれていた理由**に立ち返ってみることが大切です。原点に戻って、お店に対する「信頼」と「誇り」を取り戻しましょう。

悪口・陰口は絶対に言わない

店長として、絶対に守ってほしいことがあります。

それは、悪口・陰口を言わないこと。

私が店長だったとき、スタッフを集めてこう宣言をしました。

意見があるなら、直接相手に伝えるようにしてほしい。

不満があるなら、なんでも聞くので遠慮なく言ってほしい。

人間関係が悪くなると、店全体にマイナスのオーラがただよいます。少しでも悪口・陰口のきざしがあれば、ミーティングを開くなどして、悪い関係を解決しましょう。小さなことでも放っておかず、すばやく解決してしまうのが一番です。

お客さまへの悪口・陰口もご法度です。

「またあのお客さん、キャンセルだよ！　ムカつく」

「あんなにたくさん試着したのに、結局買わなかったね」

こういったマイナスの言葉は、ほかの接客にも悪影響を及ぼします。

もうひとつ、自分の会社の悪口も絶対に口にしないようにしてほしいのです。

私がかつて勤めていた会社でも、休憩室にスタッフが集まると、「商品が悪いから売れない」「こんな仕事、やってられない」と、延々と悪口が続くという残念な状況がありました。

仕事をしていればつらいこともありますから、ときには愚痴や文句を言いたくなる気持ちもわかります。でも、具体的な解決策を考えるでもなく、ストレスのはけ口として悪口を言ってみたところで、状況がよくなることはありません。

それどころか、スタッフのやる気がそがれ、お店のムードが悪くなり、ますますお客さまが離れてしまうという悪循環になります。

問題があっても、会社のせいにせず、まずは自分たちでできる範囲のことをやってみる。会社がどうであれ、いまここにあるお店を率いているのは店長である自分。だから、自分たちでやれることをとにかくやりつくす。

まずは店長として、嫌なムードにならない雰囲気づくりを心がけましょう。

店長自身が、お客さまはもちろん、スタッフに対しても、商品に対しても、絶対に悪口を言わない。これを徹底すれば、お店から悪口・陰口が消えていくはずです。

人間関係のトラブル解決は雑談から

人間関係がうまくいかないという相談を受けたときは、当事者それぞれを別々に呼んで、ふたりきりで話をします。

「こういうことがあるみたいだけど、どうかな？」

と質問して、本人たちの口から事情や思いを聞いてみます。

どちらかを責めたり、さとしたりはしません。

もう一方をなぐさめたり、肩を持つようなこともしません。

具体的な悩みや不満が出ても、「こうすればいい」と先回りしてアドバイスせず、

「どうすればいいと思う？」

「あなたができることはなんだろう？」

と重ねて質問し、どちらが悪いと判断したりさばいたりするような言葉も話さないようにします。

自分自身で解決方法を探る。そのほうが、おたがいに納得のいく答えが出せると思うのです。

本音を話してもらうコツは、いきなり本題から入らず、「最近どう？」と何気ない雑談から切り出すこと。本題から入ってしまうと、相手をかまえさせてしまいます。やわらかく明るく話すことで、緊張を取り除き、素直に話しやすい雰囲気をつくることが大切です。

悩みや不満を素直に話すことができれば、それだけで気持ちが落ち着くこともあります。聞くことで問題が解消されることもあります。

ただの愚痴なのか、お店のためにきちんと解決すべき問題なのか。

そこをポイントにして、話を聞いてみるようにするといいでしょう。

話の内容によっては、両者を呼んで3人で話をしなければならないこともあるかもしれません。その場合もできるだけ朗らかに、

「なにか言いたいことがあるみたいだから、聞いてもらってもいい？」

「こんなこと言われちゃってるけど（笑）、あなたのほうはどう？」

「それっておたがいつらくない？（笑）」

とポジティブな雰囲気で話をすすめ、

「こういうわけだけど、これからどうしようか？」

「いままでのことは言ってもしかたない。じゃあ今後はどうする？」

と問いかけ、両者の言い分を合わせて、落としどころを見つけましょう。

人間関係のトラブルは、ちょっとした思い込みで起こります。原因を解きほぐすことで、たいていは解決するものです。誰だって、仲間とはうまくやっていきたいはず。そのことを前提に、おたがいになにができるかを考えてもらいましょう。

トラブルが起きたら
ただ教えさとすのではなく、
スタッフ自身に
解決の道を考えてもらう。

チームの基本は一対一の人間関係

チームミーティングより、むしろスタッフと一対一の面談を行うことが大切です。

「最近はなんの仕事が楽しい？」

「最近はこうだけど、意見を聞かせてくれる？」

「これについて、どう思っているかな？」

など、質問を通して意見や考えを聞き、信頼関係を築くのに役立てるのです。

チームというと、「多数のメンバーをどうまとめていくか」と考えがちですが、大切なのは「自分がこの人とどういう関係をつくっていくか」を考えること。**一対一の関係の集積がチームを形づくっていく**のです。

ただし、業務内の面談では、なかなか本音を話せない場合もあります。たまには一対一で食事に行ったり、飲みに行ったりする機会をつくること。

意見や結論というゴールを目指すのではなく、ざっくばらんに親睦を深めながら、おたがいの考えを引き出し、理解するための話をするのです。


私の場合、スタッフをできるだけたくさんほめて、ねぎらうようにしていました。

「あのとき、すごくよかったね！」

「がんばってくれて、めちゃめちゃ助かったよ！」

こういった言葉がスタッフの自信につながり、自分の役割を再確認してくれるようでした。

ほめたりねぎらったりすることで、「店長が自分のことを見ていてくれる」ということが伝わります。だんだん心が打ち解けて、信頼関係が育まれるでしょう。

信頼関係ができれば、気持ちが通じやすくなり、おたがいに言いたいことが言えるようにもなります。

店長として、ときには厳しく指導したり、あやまちをたしなめたりしなければならないこともあるでしょう。そんなとき、「この人の話なら素直に聞ける」「私のために本気で言ってくれている」と思ってもらえる信頼関係がないと、一気に関係がまずくなってしまう場合もあるのです。

後を引かずに効果的に叱る

スタッフを叱らなければならないときもあります。

叱り方は、店長の個性によって、あるいは叱る相手によって多少変わるかもしれませんが、私の場合、次のふたつのことに注意して叱るようにしていました。

ひとつ目は、**宣言してから叱る**こと。

「いまからひとつだけ、叱ってもいいですか？」

「気づいたことがあるので、言ってもいいですか？」

先に言ってしまえば、言うほうも言われるほうも心の準備ができます。

おたがい感情的にならず、落ち着いて冷静に伝え合うことができます。

ふたつ目は、**短い時間で端的に叱る**こと。

ダラダラとしたお説教のような叱り方では、なにが悪かったのか、どこをどう直せばいいのかわかりません。

できるだけ短く、わかりやすく伝えることによって、叱られたことよりも直すべきほうに注意が向くよううながしてあげることが大切なのです。

叱ったあとは、「はい、おしまい」とポジティブに終わらせ、態度を切り替えてふつうに明るく接するようにします。

このメリハリが、おたがいの間にほどよい緊張感を与え、無駄な甘えやなれ合いを防いでくれます。

叱るのが苦手な人の叱り方

スタッフの中には、何度叱っても効き目がない人もいます。

そういうスタッフに対しては、あえて大きな声を出したりして、絶対にしてはいけないことを徹底的にわからせるという店長もいます。

私の知っているある店長は、ルールを破ったスタッフに対し、閉店後にガッツリと、15分くらいの時間をかけて烈火の如く怒るそうです。

そして、叱ったあとはサッと切り替え、叱られたスタッフも交えて飲みに行ったりするそうです。

激しく怒るにしても、引きずらない。こういう方法も、叱り方としては効果的なのかもしれません。

ただ、この叱り方は「そんなに怒るのはイヤ」「大きな声を出すなんてできない」という人にはマネできませんよね。

じつは私も、大声を出すのは苦手。人を叱るのも、あまり得意とは言えません。叱るのが苦手なら、徹底的に話す機会を持ちましょう。

「また、やっちゃったね（笑）（できるだけ明るく）」

「どうすればやらかさずにすんだのかな？　どうすればいいかな？」

なにも険悪なムードで話す必要はありません。お茶でも飲みながら、明るく話したってかまいません。

一度でダメなら二度、二度でダメなら三度、三度でもダメなら四度……と、相手が変化を見せるまで根気強く、とことん話し合いましょう。

自分の欠点を直すために、真剣に考えてくれている。一緒になんとかしようとしてくれている。

店長の本気を見せることが大切なのです。

サブを一番の味方にする

チームを引っ張っていくには、**サブ（副店長）とのコンビネーション**が重要です。店長とサブが理解し合い、連携できているお店は、売り上げや店内の雰囲気もうまくいくものです。

ただし、サブの役割はお店によってちがいます。

サブが事務作業を担い、店長がマネジメントに注力するお店もあれば、サブが前面に立ってスタッフの指導に当たり、店長が事務作業を行うというお店もあります。

いずれにしても、大事なのは、最初に役割分担を明確にしておくこと。

「私はどちらかといえば、○○が得意で△△が苦手」

「苦手な分野では、サポートしてもらえると助かる」

サブが「自分の役割はなんなのか」と戸惑わないよう、店長自らがすすんでおたがいの役割を伝えましょう。

また、店長には「なにがあっても味方でいてくれる人」が欠かせません。売り上げやマネジメントなどがうまくいかないとき、ひとりで悩まず、心を開いて相談できる相手。そういう味方がいることの心強さがあれば、全力でお店のためにがんばれるはずです。

その味方が、サブであればベストだと私は思っています。

相性が悪いものを無理にとは言いませんが、サブと腹を割って話し合い、距離を縮めることは、安定したチームづくりに大きく役立ちます。

単なるアシスタントではなく、大切な味方として、サブの存在をしっかり考えるようにしてほしいと思います。

新人が辞めない初日の法則

新人が入って来ても、すぐに辞めてしまう。

そんな悩みを解決するには、「初日」の対応を見直しましょう。

新人が初日にやって来たとき、開口一番に「あれ？　今日からでしたっけ？」などと言われたら、「自分は歓迎されていない」「ここでやっていけるのだろうか」と、不安を感じてしまいます。

従業員入口から入ろうとしたら、警備員に止められて入れない。誰も迎えに来てくれない。そんな思いをさせられたら、「自分は大事にされていない」とがっかりし、お店で働く気が失せてしまいます。

こんなことにならないようにするには、あらかじめ本人が来る前に、

「来週から新人さんが来ます。こういう人で、こういう経験があります」

「この人には、お店でこういう役割をお願いしたいと思っています」

とスタッフに伝え、**新しい仲間として迎え入れる準備**をしておきましょう。


初日だけは従業員入口まで迎えにいって、入館・退館のルールを教えてあげましょう。


あるお店では、新人を迎え入れる準備として、「スタッフの取扱説明書」をつくっているそうです。スタッフの顔写真と、名前、ニックネーム、性格、得意なこと、苦手なことなどをそれぞれが書き入れたものを新人に渡して、

「私たち、こんな感じでやってます。わからないことがあったら、遠慮なく聞いてくださいね」

と伝える。お店に対して親近感がわき、歓迎されていると前向きな気持ちになることができるアイディアだと思います。


新人にいきなり業務はまかせられないから、ひたすら服をたたませる、マニュア

ルを読ませるというお店もありますが、あまりおすすめできません。

単純作業に意味がないとは言いませんが、少しでもやりがいのあることをまかせて、「仕事が楽しい」と実感してもらうほうが、新人が辞めてしまう可能性は低くなるはずです。

「今日からあなたはチームの一員だよ！」

これくらいの気持ちをもって、新しくやって来る仲間を迎え入れましょう。

動画や写真で伝えてみる

なかなか仕事を覚えてくれないスタッフがいる。

そんなときは、言葉ではなく別の方法で伝えてみましょう。

たとえば、大切なことをメモしようとしない、書いたものを読み返さないなら、文字ではなく動画を使うといいかもしれません。

お手本となる接客やディスプレイを撮影し、それを見せながら「こんなふうにやってみてね」と伝えてみる。

写真を使って簡単なファイルをつくり、それに付せんなどを貼りつけて、重要な部分を強調して伝えてみる。

耳から入る言葉ではなく、ビジュアルを利用してみるのです。

それもむずかしい場合は、本人に「どうすれば覚えられるだろう？」「いままでどうやってきた？」と率直に聞いて、本人がより覚えやすい方法を一緒に考えてあげるといいでしょう。

スタッフの中には、接客は得意なのに、文字を読み書きしたり、書かれたものを記憶するのがどうしても苦手だという人も少なくありません。

「やる気がない」とあきらめる前に、いろいろな伝え方を試みてほしいと思います。

誕生日飲み会で絆を深める

ときにはみんなで食事したり、飲みに行く機会をつくりましょう。

チームワークがうまくいかないという悩みを聞いてみると、一緒に食事をしたことも、飲みに行ったこともないという場合がほとんどです。

お店以外の場所で、ざっくばらんに話せる機会をもうけることは、スタッフどうしの仲を確実に深めてくれます。

どうやってきっかけをつくればいいかわからないという場合は、スタッフのお誕生日会に、飲み会をセッティングしてみましょう。

可能なら顧客にも声をかけて、オープンに楽しむのです。

オープンな集まりなら、全員参加が基本となり、誰を呼んだ呼ばなかったでもめることもありません。お祝いの集まりですから、悪口や愚痴大会のようなネガティブな飲み会になることもありません。

お誕生日を通じて、スタッフ全員が順番に、公平に主人公になれば、飲み会を楽しむことができるのではないでしょうか。


仕事では、必ずしもプライベートを知る必要はないかもしれません。

しかし、ある程度の人となりを知れば、接し方がわかり、よけいなぶつかり合いを防ぐこともできます。

チームの絆を深めるために、食事会や飲み会をうまく活用することも大切です。

数値目標を意識すれば、チームがプロ集団に変わる

販売の仕事を通して、きちんとした結果を出す。

そんなプロ集団になることが、チームワーク本来の目的です。

ただ仲がよいだけの「なあなあ」な集団になってはいけません。

スタッフに販売のプロになってもらうためには、一人ひとりが「**数値目標**」**を意識する**ことが大切です。

今月は予算をいくら達成すればいいのか。あとどのくらい売ればいいのか。1日の売上目標はどのくらいか。

スタッフに数値目標を徹底させるには、店長がしっかりと数値を管理する必要が

あります。

本部から指示された年間の目標予算を月割りにし、毎月の目標額を決める。

今月の予算が達成できなかったら、達成できなかった理由を振り返る。本部からの数値目標が厳しすぎるようなら、達成感を味わうために、クリアできそうな数値目標を掲げてみるのもいいでしょう。

数字を確認しながら、

「今月は厳しかったね。なにが原因だったんだろう」

「それなら来月はこうやって、売り上げを伸ばしてみよう」

「今月は先月にくらべてだいぶ早く予算が達成できた」

「自分たちの実力なら、これくらいはいけそうだ」

と、チームの働きを数字に落とし込んで考えるのも、店長の大切な役割です。

数値目標は大切ですが、ただ「数字を上げろ」だけではモチベーションが上がらないこともあります。

そんなときは、「販売コンペ」をやってみるといいと思います。

誰が一番、お客さまにコートを試着していただけたか。

誰のディスプレイが、一番売れたか。

各自が頭を使い、楽しく競い合いながら、数値目標を追いかけるのです。

売り上げというミッションは、時に店長を苦しめることもあります。チームを追いつめ、心を荒ませることがあるかもしれません。

だからこそ、みんなで協力し合って、少しでも楽しめる方法を考えながら、目標と向き合うことが必要です。

目標意識を高く持ちながら、予算達成までのプロセスを楽しむ工夫をする。

その心構えが、結果を出せる強いチームをつくるのです。

クレーム処理の4つのステップ

お客さまからのクレームは、店長が処理すべきもの。

そう思っている人はとても多いと思います。実際に、本部からそのように指示されているお店も少なくないかもしれません。

でも、私はクレーム処理は店長ではなく、**クレームを受けた本人**に対応させるべきだと思っています。

自分で受けたクレームは、自分自身でなんとかする。クレーム処理ができてこそ一人前。そう考えているからです。

もちろん、お客さまが「店長を出せ」と言えば出て行くべきです。最終的な責任は、店長が負うのが当然だと思います。

でも、怒らせてしまったお客さまの気持ちを、当人が努力しておさめなければ、本当の意味で解決したことにはなりません。ふたたび次のクレームが起こり、同じ問題を引き起こしてしまいかねません。

そうならないためには、あくまで本人に対応させて、解決させる力を身につけさせましょう。

クレーム処理の基本的な対応は、次の4つのステップです。

1　まずあやまる

「大変申しわけありません」

2　状況を聞く

「どのような不手際でしたでしょうか……？　おうかがいしてもよろしいでしょうか？」

3　解決方法をお客さまに決めてもらう

選択肢をいくつか提案して、「どのようにいたしましょうか？」とお聞きする。

4　お客さまが納得したかを確認する

電話などで連絡し、お客さまの気持ちを自分自身で確認する。

これをおぼえて実践できれば、スタッフも育ちますし、店長も心置きなく休めます。万が一「店長を出して」と言われても、

「申しわけございません。本日はお休みをいただいているので、後日対応させていただきます。いつがよろしいでしょうか？」

と言えば、お客さまも納得されるはずです。

実際に、クレーム対応をさせたおかげで、とても成長したスタッフがいました。

あるときお客さまが買われた商品にキズがあり、お叱りの電話をいただきました。担当した本人がお詫びして新しい商品を取り寄せてお送りしたのですが、その商

品にまたもやキズがあるという不手際があり、ますますお客さまを怒らせる二次クレームに発展してしまったのです。

そこで本人が丁重にお詫びし、今度こそキズのない商品を取り寄せ、お詫びの気持ちを込めてお手紙を書いてお送りしました。すると、お客さまがお店に足を運んでくださり、「ていねいに対応してくれてありがとう」という言葉をいただけたのです。

本人にとっては、とてもしんどい経験だったことでしょう。でも、このトラブルによって大きな自信をつけることができたのです。

クレームを受けたら、「私が出ていかなければ」「とてもまかせられない」と思い込むのをやめてみましょう。クレームはスタッフの現場対応力が飛躍的に上がり、チーム全体が強くなれる貴重なチャンスでもあるのです。

第3章

慕われる接客のスキル

慕われる店長は「人」に興味を持つ

スタッフやお客さまからなぜか慕われる。
そんな店長に、共通していることがあります。
それは「人に興味を持っている」ということ。
慕われる店長は、お客さまにいきなり商品をすすめるようなことはありません。

「会社帰りかな？　なにかお探しのようだけど、トップスかな？　コートかな？」
「ブルーのスカートがよく似合ってるな。すっきりした感じのコーディネートがお好きかも」

こんなふうに、まずはお客さまに関心を寄せ、身につけている服や持ち物、来店時の様子などをそれとなく観察します。

アプローチの会話でも、商品の話とは別に、趣味や仕事、近況など、必ずそのお客さまに関する話題に触れます。

このように、お客さまを「商品を買ってくれる人」として見る前に、お店に足を運んでくださった「ひとりの人」として見て接すると、お客さまのほうも同じように、こちらを「売りつける人」ではなく、「ひとりの人」として見てくださいます。

「**あなた自身に興味があります**」という姿勢で接すれば、そのことを素直によろこび、こちらにも気持ちを向けてくださるものです。

そうすれば、おのずと商品にも興味がわいて、手に取ってみよう、着てみよう、買ってみようという気持ちになります。仮にそのときお買い上げにならなかったとしても、また来たいと思っていただければ、次にお気に入りを見つけていただくチャンスにつなげることができるのです。

「私も店長のようになりたい」
スタッフに
そう思ってもらえるような
接客スキルを身につける。

商品以外のギフトを差し上げる

よい接客とは、ひと言で言うなら、お客さまの楽しそうな笑い声が聞こえる接客です。お買い上げになるかならないかは、関係ありません。

会話の中で笑い声が聞こえるということは、お客さまをよろこばせるなんらかの「ギフト」を差し上げられたということ。

接客では、この「ギフト」がとても大切です。「ギフト」とは、「本当によくお似合いです！」とお客さまをほめたり、お子さま連れのお客さまに「近くにお子さんと行けるいいお店がありますよ」と近隣情報を提供することなど。**商品をお買い上げいただかなくても、差し上げられるもの**があることを知ってほしいのです。

ですから、たとえお買い上げいただいても、お客さまがにこりともせずにお帰りになってしまったとしたら、それは少し残念な接客といえるかもしれません。

接客ではつねに、

「自分はギフトを差し上げることができただろうか」

と振り返ってみましょう。


お客さまから、こんな言葉をもらえるのもよい接客です。

「ありがとう」

「あなたの名前を教えてください」

「あなたは、（お店に）いついるのですか？」

これらは、「またあなたに接客されたい」というお客さまからのサインです。

商品以上のよろこびを差し上げられることが、店頭接客の強みです。

ネットショッピングでは得られない「ギフト」を差し上げる。

そのことをつねに考え、スタッフにも伝えていきましょう。
店長自身が心を込めて接客をしていれば、それがお店全体に伝わります。

接客はお客さまのいないところからはじまっている

接客は、お客さまへのアプローチからはじまる。
ほとんどの人が、そう考えていると思います。
でも接客は、お客さまが店内にいらっしゃらないところからはじまっています。

スタッフの身だしなみ、表情、ふるまい。
店内の清潔感、足を踏み入れやすい雰囲気。

アプローチの前に、お客さまがお店に入りたくなるような第一印象を準備することが大切です。

スタッフが不機嫌そうだったり、視線を合わせてくれなかったり、あるいはスタッフどうしがおしゃべりに夢中だったり、店内がどんよりしたムードだったら……、お店に入りたいと思いませんよね？

お客さまに「なんだか入りにくいお店だな……」と思わせてしまったら、どれほど品ぞろえがよくても、マイナススタートになってしまいます。

逆に、入りたくなる店内を準備できれば、お客さまへのアプローチもしやすくなり、接客の成功率はより高まります。

アプローチをスムーズに行うためにも、お客さまが、思わず足を踏み入れたくなる店内を準備しましょう。

お店も人も、第一印象が大事。

「いらっしゃいませ」の本当の意味

機械的に「いらっしゃいませ」と言っていませんか？

お客さまのほうを見ることもなく、笑顔を向けるでもなく、ただ口から発する「いらっしゃいませ」では、意味がありません。

よい接客をするには、本当の意味を理解して「いらっしゃいませ」と言う必要があります。

「いらっしゃいませ」の本当の意味とはなんでしょうか？

それは「お客さまをよろこんでお迎えします」という**歓迎の気持ち**を伝えること。

「あなたが来てくださったこと、ちゃんと見ています。おいでいただいて、私たちはうれしく思っています」

そんな気持ちを「いらっしゃいませ」の言葉に込めるのです。

お客さまは、**「お店に歓迎されているかどうか」に大変敏感**です。

単に「いらっしゃいませ」と言われても、「来てくださってありがとうございます。よろこんでお迎えいたします」という気持ちが感じられなければ、「自分は歓迎されていない」「ここにいるべきではない」といたたまれなくなります。商品を見てみたい、接客されたいという気も失せ、さっさとお店を出てしまうでしょう。

とくにお客さまがお店のターゲットの年齢層でなかったときなどは、そのことを気にされている可能性もあります。しっかり歓迎の気持ちを伝えましょう。

お客さまは「歓迎されている」とわかれば、それだけで居心地がよいと感じ、店内でゆっくり商品を見てみようと思ってくださいます。アプローチにもつなげやすくなるはずです。

歓迎の気持ちをしっかりと込めれば、「おはようございます」「こんにちは」などでもかまいません。

最近では、万引きなどの防犯対策として「いらっしゃいませ」を言うようすすめているお店もありますが、それが目的だと思ってしまってはいけません。

歓迎どころかドロボウ扱いするなんて、もってのほか。

店内のお客さまはもちろん、お店の前を通るお客さまに対しても、心を込めた「いらっしゃいませ」を伝えることを心がけましょう。

アプローチは自然な会話から

接客研修などで「なにが一番むずかしいですか？」と聞くと、みなさんたいてい「アプローチ」と答えます。

アプローチしてお客さまにフラれると、お客さまに声をかけるのがこわくなり、接客が嫌いになってしまう。嫌いになるとますます声をかけたくなくなり、結果的にアプローチがうまくいかなくなる。

この悪循環を断ち切るには、アプローチを成功につなげることが必要です。

では、どんなアプローチをすればいいのでしょうか？

それは、セールストークをしようとしないこと。

「買ってもらおう」「商品をおすすめしよう」と考えるのをやめて、**親しい仲間と話すように、普通の会話をしてみる**のです。

「素敵なブーツですね。今年はなにか買われましたか？」

「チェック、お好きなんですね！」

友だちどうしで、着ている服やアクセサリーを「それ、いいね！」「似合ってる！」とほめ合うのと同じ会話を、お客さまにもしてみる。

そう思えば、自然な会話ができそうな気がしませんか？

アプローチ＝売り上げにつなげなければならないという思い込みをやめれば、自然体でお客さまと接することができ、接客が楽しいと思えてくるのではないでしょうか。

もちろん、ていねいに敬語で話すのがマナーですが、それほどかしこまらなくても、お客さまに対して失礼に当たるということはありません。

ただし、心にもないお世辞を言うなど、本音ではない言葉を口にするのはいけません。多少オーバーに言うのはかまいませんが、ウソをつくのは絶対にNG。

「かわいいな」「素敵だな」と思うものを見つけて、その気持ちを素直にお伝えしよう。そう考えればいいのです。

そのためには、洋服、アクセサリー、バッグ、靴など、お客さまの身につけているものをしっかり観察しなければいけません。

観察して、魅力を見つけて、言葉にしてみる。

セールストークより、何気ない普通の会話を気持ちよくできる人になる。

これが接客の基本的な心がまえなのです。

接客の基本は
笑顔。
笑顔の次に、
自然な会話が生まれる。

ファーストアプローチはフラれて当たり前

ファーストアプローチでは、あせって「お客さまと会話をしなければ」「なにかをおすすめしなければ」と考えなくてもかまいません。

話しかけてみて反応が薄くても、「失敗した」「ダメだった」と落ち込む必要もありません。「ゆっくりごらんになってくださいね」とにこやかにお声かけして、いったんその場を離れましょう。

言葉数が少ない＝「ゆっくりひとりで見たい」「ずっとそばにいられても気が重たい」というサインだと受け取ればいいのです。

そもそも、初対面のお客さまと盛り上がって、いきなりお買い上げにつながるということはまれです。「見ているだけなので」と言われたり、そっけない反応をされることのほうがずっと多いものです。

ですから、最初は「フラれて当たり前」「ひと言でもお話しできれば上等！」くらいに考えましょう。

ただし、一度そっけない反応を示されたからと言って、お客さまを放っておいてはいけません。

「もしかして、コートをお探しなのかな？」

「やっぱりさっきのスカートが気になるのかな？」

お客さまの様子を見守りながら、お客さまが求めているもの、似合いそうなものをあれこれ考えてみる。少し間をおいてから、「なにか気になるものは見つかりましたか？」などと声をかけてみましょう。

アプローチは、たった一度で終わらせるのではなく、**チャンスをうかがいながら、二度、三度と重ねる**ことが大切なのです。

商品知識はあえてしまっておく

ファーストアプローチでは、長々と商品の説明をする必要はありません。

お客さまに質問されたなら別ですが、何気なく手にした商品にはさほど関心がない可能性もあります。たまたま手にした買う気もないものについて、とうとうと説明されても、お客さまにとっては迷惑でしかないのです。

商品知識を入れれば入れるほど、たくさん伝えたくなってしまうものですが、商品説明は、お客さまが聞きたいと思ってはじめて効果が出ます。

アプローチのきっかけとして、ひと言で言える特徴を用意しておきましょう。

「Aラインでかわいいですよ」「びっくりするくらい軽いんですよ」など。

最初の説明は、そのくらいに考えておくのがベストです。お客さまが興味を示したり、質問してくださったら、そこではじめて商品知識の出番です。

大事なのは、お客さまがなにを求めているのかよく見てみること。

お客さまがどんな商品を手にしているか。どのような表情をしているか。ただなんとなく見ているだけなのか。なにか具体的な商品をお探しなのか。

お客さまのニーズをしっかり観察することも必要です。

「今週売りたい商品」などについては、その商品に関する情報をスタッフに伝え、共有しておきましょう。

「高級感のある素材で、お値段以上にセレブ感が出せる」

「人気のアーティストが、有名イラストレーターとコラボした作品」

その商品ならではのストーリーや特徴を頭に入れておけば、お客さまとの会話づくりに役立つはずです。

接客されたくないお客さまはいないと信じる

とくにほしいものはないが、なんとなく商品を見ている。

そういったお客さまであっても、なんの意味もなく商品を見ているわけではありません。すぐに買う気はないにしても、「どんなものがあるのかな」「これ、かわいいな」「ちょっと見てみたいな」という気持ちをお持ちのはずです。

「今年はパステルカラーが人気ですが、お好きですか？」

「ふだんもパンツをおはきになりますか？」

興味を持たれた商品をきっかけに、ご提案につなげられる質問をしてみましょう。

目の前にいらっしゃるお客さまは、ネットでの通販が当たり前のいま、わざわざお店にきてくださったのです。少しでも関心があれば、「じゃあ、話を聞いてみようかな」という気持ちに傾くはずです。

「けっこうです」「見ているだけ」と断られることもあるでしょう。でも、自分のために真剣に提案しようとする店員を、心から嫌がるお客さまはいません。嫌そうに見えるとしたら、無理やり買わされるような雰囲気が嫌なのです。それに、無視されるほうがもっと嫌な気分になるのではないでしょうか。

そもそも、まったく接客されたくないお客さまはいません。たとえ買う気はなくとも「あの店員さん、がんばっていたな」『私のためにわざわざ商品を出してくれたっけ」と思っていただければ、きっと次回の来店につながるでしょう。

声をかけたのに無視された。なにも買ってもらえなかった。

これらは失敗ではありません。

せっかくいらしてくださったお客さまと、なんの接点も持てないままお帰ししてしまった。これこそが、最大の失敗なのです。

アプローチのNGワード

「この商品、今日入荷したばかりなんですよ」

会話のきっかけとしてよく使われるセリフですが、お客さまにしてみれば、いつ入荷したかなど、興味がない場合がほとんどです。

アプローチでは、自分やお店の都合ではなく、あくまで**お客さまの立場に立った言葉**で伝えることが大切です。

ほかにどんなNGワードがあるか、挙げてみましょう。

「私も持っているんですよ」（だから、なに？）

「この商品、すごく人気なんです」（私には関係ない）

「もう入ってこないかもしれません」（本当に？）
「御試着できますので」（そんなの当たり前でしょ）
「今日は、なにかお探しですか？」（見てればわかるでしょ）

「私も持っている」「人気がある」と伝えたいなら、

「私も持っているんですが、見た目よりゆったりしてて、ラクチンに着られます。洗濯しても型くずれしにくくて、ヘビロテできますよ」

「ピンクはこれが最後の一点です。合わせやすいスモーキーピンクだから、とても人気があるんです」

など、お客さまに役立つ情報を伝える言い方に変えましょう。

また、同じ「最後の一点」でも、お買い上げいただいたあとに、

「じつはこれ、最後の一点だったんです。お客さま、ラッキーでしたね！」

こんなふうにお伝えすれば、ありきたりな「最後の一点」も、お客さまをよろこ

ばせるうれしい言葉になります。

その言葉で、お客さまがどう感じるか。商品の価値が上がるか、下がるか。

お客さまへの言葉は、**お客さまと商品をつなぐ、大切な橋渡し**なのです。

「ほめほめワーク」で語彙を増やそう

お客さまに商品の魅力をお伝えするために、語彙《ごい》（表現のバリエーション）を増やしましょう。

語彙が少ないと、つい「かわいいですよね！」を使ってしまいがち。でも、「かわいい」だけでは具体性に欠けるので、お客さまの心には響きません。

語彙を増やすために私がおすすめしたいのは、いいところを見つける練習「ほめほめワーク」です。ぜひ、朝礼やミーティングに取り入れてみてください。

「ほめほめワーク」では、スタッフどうしがおたがいの服装、持ち物などいいところを見つけて伝え合い、**ほめ言葉のシャワー**を浴びせます。

「そのブルーのワンピ、表情が引き締まって見える！」

「トップスとボトムスのバランスがよくて、シルエットがきれい！」

「そのカットソー、ボーイッシュだけど抜け感もあって素敵！」

こんな感じで、対象のスタッフのいいところ、素敵なところをたくさん見つけて、思い思いのほめ言葉を、どんどん言っていくのです。

ほかの人のほめ言葉からは、「こんな視点があるのか」「こういう表現もあるのか」という発見があるでしょう。自分がほめられたときは「こんなことを言ってもらうとうれしいな」と実感できます。

さまざまな表現を共有して、全員で言葉の引き出しを増やしていく。

そうすれば、商品をより具体的にアピールすることができるようになります。

3つのいいところ探しをしてみる

「ほめほめワーク」は、スタッフどうしだけでなく、お店に並んでいる商品に対してもやってみましょう。

たとえばシンプルな黒のカットソー。

着心地はどんな感じなのか。

シルエットはどうなるのか。

どんなものと合わせやすいか。

パッと見ただけではわからない長所を考えて共有し、接客に役立てるのです。

商品のほめほめワークは、品出しや商品整理をしながらするといいでしょう。

「今日入ってきたこの商品のいいところ、3つ考えてみて」

とスタッフに声をかけ、しばらくしたら聞いてみましょう。3つくらいなら、作業をしながらでも考えられるはずです。

これを繰り返せば、スタッフは**作業をしながら商品のいいところ探しをする**のが習慣になり、自然と語彙が増えていくはずです。

スタッフそれぞれの強みを活かすことも大切です。

以前こんなスタッフがいました。彼女は色を表現するとき、「艶があって高級感が出る黒」「街中で映えるブルー」「冬にぴったりの温かみのある赤」など、相手に伝わりやすい言葉を使っていて驚かされました。そんなスタッフがいたら、「○○さんのような色の表現をすると、商品のよさをうまく伝えられるよね。私たちもマネさせてもらおう！」

こんなふうに伝えれば、ほかのスタッフの具体的なお手本になり、それぞれが表現力を磨くきっかけになります。

お客さま自身が気づかなかった発見を提案する

「自分は黒しか似合わない」「この年でこんな柄は着られない」などと、自分自身を決めつけてしまっている人は多いものです。

その結果、クローゼットの中は同じような色やデザインの服ばかり。気づけば着たいと思う服がない……という状態になってしまうことも少なくありません。

そんな思い込みを打ち破るアイテムやコーディネートをおすすめする。

お客さまも気づかなかったお客さまの新たな魅力を発見する。

それこそが接客の醍醐味《だいごみ》であり、大切にしてほしいポイントです。

私の場合、身長が低いことがずっとコンプレックスでした。

身長が低いせいでなにを着ても似合わないと悩んでいたのです。

でも、一生懸命工夫しながらコーディネートを考え、スタッフやお客さまから「おしゃれですね！」「似合ってます」と言われるようになったことで、

「お洋服は、コンプレックスを吹き飛ばしてくれるんだ」

と気づくことができました。

私の顧客も小柄できゃしゃな方が多く、「着こなし方を教えてほしい」とよく相談されました。自分の悩みがお客さまのために役立ち、ファッションを通してお客さまが輝く姿を見ると、販売の仕事をしていて本当によかったと思ったものです。

たった1枚の服が、人の魅力を引き出し、自信を与え、元気にさせる。

これがお買い物の本当のよろこびだと私は思っています。

よい買い物には商品以上の価値があるということをお客さまに実感してもらう。

そんな接客をスタッフに伝えることも、店長の大切な役割です。

ワクワク感を具体的に伝える

商品をおすすめするときは、それを着たときのシチュエーションや気持ちを、具体的にお伝えしてみましょう。

たとえばパーティー向けのドレスなら、

「これを着て出かけたら、きっと主役になっちゃいますね！」

ビジネスシーン向けのジャケットなら、

「かっこよすぎて会社で目立っちゃいそうですね」

小さなお子さんのいらっしゃる主婦の方なら、

「このブラウスでお迎えに行ったら、お子さん、よろこんじゃいますね」

これを着たらどんな「ワクワク」が感じられるか。

具体的な言葉にすることによってお客さまにイメージを膨らませてもらい、お客さまの求めるものをより明らかにしていくのです。

お客さまが求めているのは、服そのものではありません。

その服を着ることによって得られる体験のよろこびです。

それがどんなものかを理解するためには、

「お客さまはこれを着て、どこへ行くのか、なにをするのか」

「誰に見てもらいたいのか、誰からほめられたいのか」

を見極めなければなりません。

答えはお客さまとの会話の中にあります。

会話の中からお客さまの「ワクワク」を引き出し、具体的なシチュエーションを連想していきましょう。

試着でときめきを感じてもらう

試着は、お客さまをより魅力的に輝かせるチャンスです。

決して、「買ってもらえるチャンス」と思ってはいけません。

靴を脱ぎ、試着室に入り、フェイスマスクをして何度も脱いだり着たり……。試着というのは、お客さまにとって面倒なことなのです。

それなのに、お気に召さなかった、お買い上げにつながらなかった……では、お客さまにご苦労をかけただけで終わってしまいます。

面倒な試着を、わざわざしてくださったのです。

「実際に着てみたら似合っていた」「思った以上に気に入った」「どれにしようかワクワクする」といった、**心がよろこぶ結果**をお客さまに受け取っていただこう。

そんな気持ちを持つことが大切です。

試着の間に別アイテムを準備する

そのためには、お選びいただいたアイテムだけでなく、なにか別のものも考え、準備しておくのも大切です。

私は、試着室にお入りいただいた時点で、

「サイズが合わないかもしれない」

「これよりむしろ、あちらのほうが似合うかもしれない」

と見当をつけて、お客さまが着替えている間に別アイテムを2、3点スタンバイし、お客さまの様子によって、

「ほかのものもお持ちしてみました。これもお好きかなと思いまして」

とご提案するようにしていました。

お客さまの負担を減らし、もっと試着のときめきを楽しんでいただく。

そのためにできることを、つねに考えるようにしましょう。

似合いもしないものを売りつけない

お客さまが試着室から出て来られたら、こちらから感想を伝えましょう。

「やはりお客さま、黒が断然お似合いですね。バッチリです！」

「いらしたときから、こういうのが似合うなと思っていたんです！」

よく「いかがですかー？」といきなり感想を求める人がいますが、どう見えるかを聞きたいのはお客さまのほうです。

「似合ってるかな？」「おかしくないかな？」

そんなお客さまの気持ちに寄り添いながら、適切な意見やアドバイスをお伝えするのが、販売のプロとしての役割です。

ただし、「これはいまひとつですね」「似合いませんね」など、否定的なことを言うのはおすすめしません。こんなことを言われたら、お客さまはお買い物が楽しくなくなってしまいますよね。もちろん、太っている、痩せているなど、体型に関することを口にするのもタブーです。

かといって、買ってほしくて心にもないことを言うのは、お客さまをよろこばせるどころか、かえってがっかりさせてしまいます。

お客さまが迷っているご様子なら、着心地を聞いたり、準備した別のアイテムを提案しながら、

「動きにくいようでしたら、こちらはいかがでしょう？」

「お客さまでしたら、こちらのお色味もお似合いになると思いますよ」

と、少しでもよろこんでいただけるような提案をしてみましょう。

似合いもしないものを売りつけない。

似合わないなら、別のアイテムを見つけて、自信をもって提案する。

それが、お客さまに信頼されるプロの売り手なのです。

「今日はやめておく」という結果になるとがっかりする気持ちはわかりますが、残念がったりあからさまにテンションを下げたりしてはいけません。

「たくさんお時間をとらせてしまったのに、お気に召すものをご提供できず、申しわけありません。これにこりず、またよろしくお願いします」

「今日はお買い上げいただけなくて残念でしたけれど、次回はいいものをそろえてお待ちしていますので、ぜひまたお立ち寄りくださいね」

とお伝えして、にこやかにお見送りしましょう。

たくさんあるお店の中から、このお店を選んで来てくださったこと。

わずらわしい試着をしてくださったこと。

それに対して「ありがとうございました」という**感謝の気持ち**があらわせれば、必ず次回のご来店につながるはずです。

第4章

自分を磨く、
自分をねぎらう

心がよろこぶことを習慣にしよう

店長は、時間の多くを仕事に奪われがちです。

職場と家を往復するだけの、忙しい毎日を繰り返している。そんな人も決して少なくないでしょう。

でも、職場と家の往復だけでは、身も心もすり減ってしまいます。そうなれば、チームを引っ張っていく力も衰えてしまいます。

そこでおすすめしたいのが、**家・職場以外の活動の場**を持つこと。

身体を安め、心をよろこばせる第三の場所を持ってほしいのです。

第三の場所は、どんなことでもかまいません。

映画を観る。ランニングやヨガをする。旅行をする。ボランティアや趣味、習い事などのサークルに参加するのもいいかもしれません。

たとえば、ある店長はダンスをやっています。

お店にいるときとは全然ちがう、キレキレのダンスを踊る姿は、アクティブでイキイキしてとても魅力的。それをフェイスブックで見たお客さまが、ふたたびお店に来てくださり、話が盛り上がるきっかけになることもあると言います。

ちなみに、私が店長だったときは、山登りが第三の場所でした。

当時つき合っていた彼氏（現在の夫）と一緒に、10キロもある荷物を背負って、北アルプスの山々を登っていたのです。

大好きな自然に囲まれることは、自分をリセットする大切な機会であり、自分自身と対話する貴重な時間でもありました。

毎日忙しく働いていると、自分と向き合わないまま、日々がずるずると流れてしまいます。黙々と、ただひたすら山登りをする時間は、自分が自分らしくあるために欠かせない、自分をねぎらう時間でもあったのです。

店長が第三の場所を持ち、楽しんでいる姿を見せれば、スタッフにもいい影響を与えます。店長が積極的に休みをとれば、スタッフも休みをとりやすくなり、第三の場所を意欲的に探すようになるはずです。

チーム全体がリフレッシュするためにも、ぜひ店長がすすんで休みをとり、心をよろこばせる活動を見つけてほしいと思います。

ただ、お休みの日はゆっくり休みたい。出かけるより1日寝ていたいという場合もありますよね。できれば2日続けて休みをとれるようなシフト調整を心がけてください。

1日はお休みし、2日目はリフレッシュする。身体を休めることももちろん大切ですが、2日続けてダラダラ過ごさないよう、休日を有意義に活かしましょう。

明日も元気に働ける理由は、
休日を自分らしく、
最大限に楽しんでいるから。

読書で言葉のパワーを身につける

接客は、言葉を使って物事を伝える仕事です。

いくらセンスがよくても、言葉でそれを伝えることができなければ、宝の持ちぐされです。

よい接客をするには、**言葉を覚え、言い回しを増やす**など、言葉の力を養う必要があるのです。

一番の方法は、なんと言っても読書です。

おすすめのジャンルは、著者が自分の言葉で語るエッセイ、インタビューや対談本など。ものの見方や考え方がダイレクトに表現されているので、物事を伝える勉強になります。

ちなみに、私のおすすめは阿川佐和子さんの『聞く力』(文藝春秋刊)。具体的なエピソードがたくさんあってとても参考になりますし、話し言葉なので気軽に読めます。もう1冊はマツダミヒロさんの『こころのエンジンに火をつける魔法の質問』(サンマーク出版刊)。ふだんの仕事の中で使える質問がたくさんのっています。みなさんもぜひ、休憩時間を利用して読んでみてはいかがでしょうか?

いまは、休憩時間にスマホでいろいろなサイトを見て、ニュースやトレンド情報をチェックする人も多いかもしれません。

お客さまとの話題づくりとして見るのはかまいませんが、熱心に見すぎて「悪い情報」を収集しすぎないよう、くれぐれも注意してください。

ネットには、頭に入れないほうがいいネガティブな情報がたくさん飛び交っています。自信を奪い、心を傷つけるサイトもたくさんあります。

悪い食べ物を食べすぎると健康が損なわれるように、悪い情報を入れすぎると健やかな心が損なわれ、出てくる言葉も荒んでいってしまいます。

ネットの情報を見るときは、「自分の心がよろこぶかどうか」で判断し、できるだけいい言葉、お客さまに伝えたくなるようなポジティブな言葉を吸収するよう、心がけてほしいと思います。

スタッフの健康チェックも忘れずに

販売業は体力勝負です。体力を保つために、健康管理には十分な注意を払わなくてはいけません。

ところが、多くの人が健康に気をつかっていません。とくに気になるのが、お昼ごはん。**休憩室でカップ麺**ばかり食べているような人が、本当に多いのです。

たまにはカップ麺もいいですが、そればかりでは栄養失調になります。カルシウムやビタミンなどが不足し、骨粗しょう症や肌荒れなど、健康や美容に深刻な影響が出ます。

20代のうちはよくても、30代、40代になって、そのツケがくるというケースもあります。

可能なかぎり、バランスのよい食習慣を心がけるようスタッフにもうながしましょう。ちょっとした意識が将来の健康を決めるのです。

また、**冷たい飲み物にも要注意**です。

夏場の店内は冷房がガンガンにきいています。冬でも生足・薄着で売り場に立つのが当たり前。ただでさえ冷え性になりやすい条件がそろっているのに、さらに冷たいものを飲めば、ますます身体を冷やすことになります。

冷えは、女性にとって大敵です。生理不順や自律神経失調症などを引き起こすこともあります。

温かい飲み物を飲み、お風呂はシャワーだけでなく湯船につかるなど、体を温める習慣を取り入れてほしいと思います。

接客の現場では、生理休暇を取りにくいという現実があります。生理痛をがまんした挙げ句、倒れてしまった人を何人も見てきました。

でも、女性にとって生理も生理痛も自然現象です。つらいのに休めないなんて、こんなおかしなことはありません。

「今日は生理で、つらいんです」と訴えるスタッフに対して、「みんな、そうだって！」「私もそういうときあるよ」などと返す人もいますが、これでは「つらいと言ってはいけない」と責めているのと同じこと。

「大丈夫？　大変なのに出勤してくれてありがとう」とねぎらい、「今日はバックヤードにまわって、つらいときは休んでね」と仕事の割り振りを変えるなど、できるかぎりサポートしましょう。

自社ブランドへの愛を持つ

アパレルの販売スタッフは、みんなおしゃれです。メイクやヘアスタイル、ネイルなどに気配りしている人がほとんどだと思います。

ただ、残念ながら、そのおしゃれが「自分の好み」になってしまっている場合が少なくありません。

お店に出るときは、「自分の好み」より、**ブランドイメージに合ったスタイル**が求められます。メイクもヘアもネイルも、お店のお洋服をよりよく見せるためのものであることが望ましいのです。

店長はそのことを踏まえ、「ブランドイメージにふさわしいかどうか」という視点を持つよう、スタッフに教えてほしいと思います。

メイクやヘアスタイルだけでなく、お店では当然、自社ブランドのお洋服を身につけるのが常識です。

「店の服はあまり好きじゃない」としぶしぶ着ているスタッフもいるかもしれませんが、お客さまにおすすめするには、愛着を持って商品を着ることが重要です。

私の知っているある店長は、お店に立っているときだけでなく、**プライベートでも自社ブランドの服を着る**と言います。

モード系のお店にいるときは、お店のアイテムでばっちりモードに決め、カジュアル系のお店では、その店のアイテムで全身カジュアルに変身する。お店を移るたび、プライベートでの服装もまるごと変えてしまうのです。

しかも通勤時は、お洋服だけでなくお店のショップバッグを持ち歩き、「自然と、自分の店のお洋服が好きになっちゃうんです」と、お店の外でもブランドの魅力を発信するのを怠らないのです。

ちなみに、この店長が行くお店は必ずと言っていいくらい、売り上げが上がっています。**自社ブランドに愛着を持つこと**がいかに重要か、この店長の例からもよくわかるのではないでしょうか。

プライベートで自社のアイテムを身につけることは、商品を具体的におすすめするのにも役立ちます。実際に自分で着て出かけてみれば、着心地だけでなく、人からどんな反応が得られるかがわかります。

たとえば女友だちからの評判がよかった服なら、

「女子会に着ていってインスタグラムにアップしたら、『いいね！』がたくさんもらえちゃいそうですよね！」

と、自らの経験に基づいておすすめできます。実際に着ることで、見ているだけではわからない商品の魅力を伝えることができるのです。

写真で客観的に自分を眺める

店頭に立ったら、自分の表情にも気配りしなければなりません。

接客以外のときは、だれもがたいてい「真顔」です。

でも、真顔というのは残念ながら「怖い顔」です。真剣に仕事をしようとすると、どうしても表情が硬くなり、怖い顔に見えてしまいます。

それでは、お客さまに近寄りがたい印象を与えてしまいますよね。

お客さまをお迎えするには、真顔＝怖い顔にならないよう、表情をやわらかくしておきましょう。

おすすめしたいのが、スタッフどうしで「真顔」と「笑顔」の写真を撮影し合い、ふだんの自分の真顔をチェックすること。

写真の中の自分を見ることで、「いつもこんなに怖い顔をしていたのか。これではお客さまは声をかけにくいかも」と、**客観的に自分を眺める**ことができます。

笑顔のときとくらべてみれば、「もう少し口角を上げよう」「頬をゆるめよう」など、表情を和らげる方法もつかめます。

写真チェックは、表情だけでなく、全身を確認するのにも使えます。

だらしない着こなしをしていないか。

汚れやシワが目立つ服装をしていないか。

表情や服装だけでなく、立ち居振る舞いにも要注意です。

たとえば、お客さまをお待ちする間、両足を交差して突っ立っている。前で手を組んでじっと立っている。猫背になっている……。こういう「待ち」の姿勢は、活気がなく怠惰な印象を与えてしまいます。

ハイブランドなど、姿勢を正してお客さまを待つスタイルはまた別かもしれませんが、そうでない場合、黙って静止していては、店内の空気が止まります。

お客さまが入りやすく、見やすい雰囲気をつくるには、スタッフがイキイキと動き、**「店内の空気を動かすこと」**が大切です。

ほかにも、
パンツの裾上げでしゃがむとき、脚を広げていないか。

商品を雑につかんでお客さまにお渡ししていないか。

お店のイメージを悪くするしぐさ、商品の価値をおとしめる振る舞いをしていないかをつねに気をつけましょう。

笑わせるのではなく笑わせてもらう

店長たるもの、明るく、みんなを楽しませる存在でなければならない、と思っていませんか？

私も店長になったばかりのころ、スタッフとの会話を盛り上げるため、なんとか笑ってもらおうと、必死で話題を振りました。

でも、そもそも私は自分の話をするのが苦手。人を爆笑させるような話術も持ち合わせていません。

どうすれば相手に笑顔になってもらえるのか。悩んだ末に気づいたのは、自分がしゃべるのではなく、**相手にしゃべってもらう**ということ。

相手にしゃべってもらい、話をよく聞いて、おもしろい話が出たら、一緒に笑う。

幸いなことに、私は人の話を聞くのが大好き。しかも、笑い上戸でリアクションがオーバー。おもしろい話が出ると、文字通り腹を抱えて笑ってしまいます。

スタッフとの面談でもお客さまとのやりとりでも、この大笑いのリアクションが、相手を笑顔にすることにつながったのです。

自分との話でこれだけ笑ってくれた。

楽しくなって、なんだかたくさん話してしまった。

たくさん聞いてもらったら、うれしくて笑顔になった。

こんなふうに感じてもらえると、私もうれしくて笑顔になります。

人を笑わせたいなら、まず自分が笑う。

自分が爆笑して、相手に笑いをとらせる。

「あなたって、こんなにおもしろい人だったんだね！」

「これからはもっとつっこむわー（笑）」

こんなやりとりができれば、相手との距離もぐっと縮まると思います。

第5章

接客をきわめて道を切り拓こう

「おせっかい」が次のポジションを連れてくる

店長以降のキャリアが見えない……。

これは、店長が抱える大きな悩みです。

私も店長をしていたころは、「**一店長で終わりたくない。次のポジションにいきたい**」と切実に考えていました。

でも、当時勤めていた会社では、店長以降のポストはとくにありませんでした。

なにをどうがんばればいいのか、まったくわからない状態でした。

そんなとき、別の地方店の店長から、こんな相談を受けました。

「うちは田舎でお客さまも少ない。商品も少ない。お客さまをつくりたくても、商品にあった年齢層のお客さまがいない。売り上げが落ちる一方で、本当につらい」

私はなんとか力になりたいと思い、本部にお願いして、そのお店の応援に行くことにしました。

「私がいない間、みんなで留守をしっかり守ってほしい」とスタッフにもお願いし、週2回、およそ3時間をかけてその店に通いました。

その地方店は、想像以上にひどい状況でした。

お客さまが少ないばかりでなく、個人売りが導入されていたため、スタッフどうしの連携もありません。チームワークの悪さが、売り上げの低迷に拍車をかけているのは明らかでした。

私はまず、チームの再構築をすすめました。お客さまを呼び込むディスプレイや接客など、たがいの経験や知恵を共有し合い、店長のサポートに努めました。

その結果、少しずつ売り上げが伸び、半年後にはなんとかお店を立て直すことができたのです。

すると、そのことを知った本部から、こんな辞令が下りました。

「この地区の7店舗をすべて統括する、エリアマネージャーを担当してほしい」

誰に頼まれたのでもない、自分自身の「おせっかい」が、次のポジションを連れてきてくれたのです。

このように、自分のためだけでなく誰かをサポートすると、思ってもみなかった活路が開けることがあります。

自分のお店だけでなく、同じ地区のみんなで目標を達成したい。そんな発想を持つと、新たな未来像が見えてくることがあります。

もちろん、必ずしも思い通りにいくとはかぎりません。しかし、「**自分だけでなく、みんなで**」という考え方を持ったほうが、視野も仕事の幅も広がるのではないでしょうか。

エリアマネージャーになってからも、私は「みんなで」をとことん意識しました。

売り上げが厳しいお店があるときは、

「この店、もうちょっとで予算いくんだけど、なんとか助けてもらえませんか？」

と他店に呼びかけました。

すると、ある店長は「応援に行きますよ！」。

別の店長は「残っている売れ筋を出しますよ！」。

予算達成期日に間に合いそうにないと知って、わざわざ2時間もかけて、商品をかついできてくれた店長もいました。

そんな店長たちの姿を思い出すたび、私はいまでも感謝の気持ちでいっぱいになります。涙がボロボロこぼれてきそうになります。

みなさんにも、ぜひこういう体験をしてほしい。助け合って目標を達成する充実感と、仲間たちとのかけがえのない絆を手にしてほしいのです。

店長でなければ得られない宝物を手にできれば、きっと明日の自分が見えてくるはずです。

店長という仕事を
まっとうできれば、
どんな仕事にも通用する。

店長どうしは、本来はライバルかもしれません。でも、たがいに競い合うのではなく、ともに闘う仲間と考えたほうが、絶対にいい。

「競争」より「共闘」してつながり合う。そのほうが、今後のキャリアにもきっと役立つはずです。

自分から情報と企画を発信しよう

店長は、基本的に商品開発に関わることはありません。店頭から本部の商品開発部門に異動になるケースも、ほとんどないのが現状です。

「商品づくりに携わりたい」と思っている店長にとっては、とても歯がゆいことかもしれません。

でも、部署異動はできなくても、現場から商品企画を出すことは可能です。

「お客さまの反応からこういうものが売れると思うので、ぜひつくってください」

「新しい企画を考えたので、目を通してくれませんか？」

接客や販売を通して思いついたアイディアを本部に提案してみるのです。

日々お客さまに接して、**求められているものを肌で実感している**のは、現場にいる人間だけです。**実感をもとに流行を予測する力を持っている**のも、現場にいる人間だけです。

本部が知り得ない情報や力を、現場の人間は持っているのです。これは、とてつもない強みだと思いませんか？

活かさないなんて、もったいない！

本部も現場の情報や意見が、喉から手が出るほどほしいはず。店長自らが売れる企画を提案すれば、間違いなくよろこばれると思います。

毎週本部に報告書を出しているお店も多いでしょう。その場合も単なる現状報告だけでなく、書き方を工夫してみましょう。売れない原因ばかり書くのはＮＧ。なぜ売れたのかを分析し、次はなにができるのかを考えましょう。とくに、他の店でもできるようなアイディアを提案できるとよろこばれます。

商品企画の書面も、むずかしく考える必要はありません。

1　いつ、どういうものをつくりたいのか
2　なぜ、そういうものをつくりたいと考えたのか
3　どんな流れで、どんな人に、どういうふうに売れるのか

こんなことがわかる内容を、箇条書きで書いてみましょう。

商品についてうまく説明できないなら、雑誌の切り抜きなどを使ってもいいでしょう。要は、相手にわかりやすく伝えること。

私が店長を務めていたころ、実際にお店のスタッフが考えたワンピースの企画が

通り、商品化されたこともあります。

でき上がった商品は、幸いにもお客さまから好評をいただくことができました。とくにうちの店では、飛ぶように売れたのです。

もっとも、企画を通すのは簡単ではありません。一度や二度では突っ返されてしまうこともあります。「またかよ!」と思われることもあります。

でも、めげずに何度でも提出する。やりたいことがあるなら、あきらめず、根気よく続けることが大切です。

企画を提案する以外に、店頭の状況を本部に発信するのもいいと思います。

こんなディスプレイにしてみたら、お客さまの数が増えた。

展開をこんなふうに変えたら、買上数が上がった。

こんな情報を本部に伝えれば、「それなら他店でもやってみよう」となり、会社の売り上げに貢献できます。そうなれば、上に認められ、「なにか別の仕事をまかせてみよう」となるかもしれません。

自分の仕事を振り返って、キャリアにつながりそうなものを探してみる。

キャリアを形成するには、ちょっとした気づきと、それを活かすこまめなコミュニケーションが大切なのです。

転職は「次の目標」を決めてから

お店と合わない。会社に不満がある。

もう、辞めてしまいたい……。

そんな気持ちになる日もあるかもしれません。

でも、不満を理由に辞めるのはおすすめできません。

いまの状況が嫌だから、ここから逃げたい。そんな気持ちのまま転職しても、次も同じことを繰り返すだけ。なにも学ばず転職ばかり繰り返しても、キャリアにはつながりません。

辞めるなら、**そこで得たことを振り返り、次の目標を決めてから辞める**。

次の会社ではどんなことをやりたいか。経験を活かしてなにができるか。

それを考えた上で職場を移るのがベストです。

私は、三度お店を変わりました。

最初のお店はカジュアルを中心とする婦人服専門店。ここでは、販売スタッフ、そして店長として、売り場づくりに関わりました。どのタイミングでどんな商品が入荷され、それをどう展開すればいいのかを徹底的に学びました。

二度目のお店は地元のセレクトショップ。

ここでは、接客を徹底的に身につけることを目標に入社しました。個人売りのとても厳しいお店でしたが、この経験を通して、チームワークの重要性を身にしみて感じ取ることができました。

そして三度目は、海外ブランドも展開する大手アパレル。

ここでは、最初から店長として勤めました。理想のお店づくりを追求すると同時に、接客の意味や重要性など、この仕事をトータルで振り返ることができたと思っています。

遠くの目標より目の前の仕事を大切に

出産を機に三度目のお店を退職すると、自分の目標に思わぬ変化が生まれました。

若いスタッフを育てたい。悩んでいる店長たちの力になりたい。

販売や接客ではなく、人を育てる仕事に就きたいと考えるようになったのです。

20歳からの6年は、一人前の店長になることを目標に。

26歳からの5年は、店長として理想のお店づくりを目標に。

キャリアを積み上げていくうちに、ようやく自分が本当にやりたいことにめぐり会うことができたのです。

そもそも私は、最初からアパレルの店長になりたかったわけではありません。第一希望だった旅行代理店に入れず、第二希望として決めた就職先でした。

最初のうちは、やりがいも誇りも見出せずにいましたが、仕事を覚えるうちに、欲が出て、自信がつき、

「もっといい接客がしたい」

「店長になってもっと売り上げを上げたい」

「自分の理想のお店をつくって、毎日楽しく働きたい」

と段階を踏んで、自分自身を成長させていったのです。

はじめから大きくて遠い目標を掲げるのではなく、目の前の仕事をとにかく一生

懸命やる。

目の前の仕事を突き詰めれば、次の階段が見えてくる。

将来への道は、そうやって開けるものだと思います。

できることを武器にチャレンジしよう

販売や接客を通じて、人を育てる仕事がしたい。

私が最初にやったのは、これまでの体験を文章にすることでした。頼まれもしないのに原稿を書いて、業界専門誌の出版社に送ったのです。

すると、幸運にもその原稿が本になり、本を通じてアパレルの会社から講師の依頼が舞い込むようになりました。

でも、本を一冊出しただけでは、本格的な仕事には結びつきません。

それに気づいた私は、人前でうまく話せるよう話し方の教室に通ったり、本を持って地元のお店にコンサルタントとして売り込みをはじめました。

そんなとき、都内のあるコンサルタント会社から声がかかり、一緒に仕事をする機会を得ます。

ここでは、子育てのかたわら、毎週名古屋から東京まで新幹線で通い、講師の仕事や提案書の書き方を必死に学びました。3年半の時間をかけて、営業の仕方や、コンペで仕事をとることも覚えました。

しかし、あまりに多忙な日々に、自分がなんのために働いているのか、わからなくなることが増えていきました。

時間をかけて提案書を書いても、コンペで落とされてまったく仕事がとれない。そのことも大きな負担になっていったのです。

このままでは、目標にたどり着く前に自分がダメになってしまう。自分の時間を確保しなければ、仕事も子育ても満足にできない。

危機感を抱いた私は、2人目の出産を機に、フリーランスになる決意をします。そして2冊目の本の出版をきっかけに研修講師として独立し、現在の「ねぎらいカンパニー」の前身となる活動を立ち上げたのです。

原稿を書くのも初めて。コンサルタントとして働くのも初めて。ようやくつかんだ目標への船出は、新しい知識をがむしゃらに学ぶ、まさに格闘の日々でした。

でも、それを可能にしたのは、自分が身につけてきた販売や接客という強みがあったからにほかなりません。

「できること」を武器にすれば、どんなことにだってチャレンジできる。店長としての経験やスキルは、キャリアを築く重要なツールになってくれるのです。

弱さを認めて、強みを見つける

接客や販売を通して、スタッフを育て、店長を応援する。そんな自分のミッションに、やがて明らかな方向性が見つかります。

それが「**ねぎらい**」でした。

研修講師の仕事をするうち、私は全国の店長たちがいかにがんばっているか、どれほどつらい思いをしているかを痛感するようになりました。

彼、彼女らに必要なのは、ねぎらわれること。「大丈夫、あなたはがんばっている」と無条件に認めてもらえることです。

私がすべきことは、単に接客や販売のスキルを伝えることではない。

自分が得た接客や販売のスキルを通して、ねぎらいを伝えること。

そう確信した私は、自分を「ねぎらい伝道師」と名乗るようになりました。研修講師としての仕事と一緒に、「ねぎらいフォーラム」というセミナーを開催したりブログを書くなど、ねぎらいの普及や交流に全力投球したのです。

ところが、活動が忙しくなる一方で、家族との関係は険悪になっていきました。夫の事業がうまくいかなくなり、支払いや負債に苦心する日々が続くと、お金のことをめぐって激しい言い争いをするようになっていったのです。

夫は、自分の失敗を責める私を「偽善者」と呼びました。なにがねぎらいだ。偽善者づらするな。この言葉に私は打ちのめされ、落ち込み、抑えがたい怒りを夫に向けて爆発させるようになりました。

怒りはやがて、子どもにも向けられるようになりました。

子どもの他愛ない言動をヒステリックに怒り、鬼の形相で怒鳴りつける。泣いてあやまるわが子の姿にハッと我に返り、号泣しては頭を下げる。母親としてもねぎらい伝道師としても、あるまじき行動をとってしまっていたのです。

でも、そんな情けない母親を前にしても、子どもは私をなぐさめ、やさしく接してくれました。自分が貯めたおこづかいを差し出し、家計を助けようとまでしてくれたのです。

このままではいけない。もうこの子を悲しませるわけにはいかない。

私は自分を深く反省し、夫と向き合う覚悟を決めました。なにを言われても、ただひたすら彼の言葉に耳を傾け、悩みや痛みに寄り添う努力をしました。

夫が抱え続けた苦しみを、夜を徹してとことん聞き続けると、彼は最後にこうつぶやきました。

「おれの話を初めてちゃんと聞いてもらえたな」

人の心に寄り添い、話を聞く。その大切さを伝えることを仕事にしていたはずなのに、私は身近な家族にそれができていませんでした。ストレスを抱え途方にくれて、自分自身さえねぎらうことができていませんでした。

家族との、そして自分自身との葛藤を通じて、私はねぎらいのむずかしさ、そして本当の大切さを、身をもって知ることができたのです。

私はいま、ねぎらい伝道師として、ねぎらいの大切さを全国に発信しています。

でも、そこにたどり着くには、「ねぎらえない自分」という大きな壁を乗り越えなくてはなりませんでした。

見たくもない自分ととことん向き合う。そのことを経てようやく「ねぎらい」が強みになったのです。

みなさんも、目標にたどり着くまでには、弱く醜い自分と向き合わなくてはならないときが訪れるかもしれません。

そんなときは、思いきり誰かに胸の内を話してみてください。

あるがままの自分を吐き出し、まるごと認めてあげてください。

自分の強みとは、**弱さを認め、乗り越えた先**に待っているものだと思います。

伝説の店長になろう

接客販売とは、多様なスキルが求められる仕事です。

コミュニケーション力、説明力、発想力、観察力、情報収集力。

一人前の販売スタッフになるということは、現場での経験を通して、レベルの高い能力を身につけるということでもあるのです。

これに店長としての実力がつけば、リーダーシップというアドバンテージが加わります。人や組織を動かし、もっと大きな夢を追うことも可能になります。**自分の可能性を縦横に広げる**、**最強の生き方**と言っても過言ではないのです。

願わくは、店長であるみなさんには、長くこの仕事を続けて店長を極めてほしい。

出産や子育て、介護などでいったん休んだとしても、ふたたび現場に戻り、店長として指揮を執り続けてほしい。私はそう思うのです。

店長を一度辞めてしまったら、もとのポジションには戻れない現状があるのもわかります。

年齢を重ねれば、同じお店で働くのはむずかしいというジレンマもわかります。

でも、店長として人を育てるなら、年齢はむしろ強みになります。積み重ねてきた接客のスキルを活かせば、若いスタッフの先頭に立って働くことも十分可能です。

接客販売の仕事はいま、慢性的な人手不足という問題を抱えています。

この状況をポジティブにとらえれば、店長キャリアを活かすチャンスはいくらだってあるはずです。

60代、70代になっても、多くのお客さまから慕われる。

スタッフや本部の人、館のみなさんからも愛され親しまれる。

そんな伝説の店長を目指してほしいと思います。

おわりに

先日出会った、ある店長の話です。

彼女は、若くしてある地方ショップの店長になりました。当時はきちんとしたマニュアルもなかったため、店長業務をしっかり教えてもらえることもなく、ひたすら試行錯誤の日々だったそうです。

そして彼女の店の売り上げは、社内でワースト1となってしまいます。店長会議ではみんなの前で「不振理由」を発表しなくてはなりません。彼女はくやしさのあまり、途中でボロボロと涙をこぼしてしまったそうです。

彼女の闘いは、そこからはじまりました。

――どうしたら、売り上げが上がるのだろう？
――どうしたら、強いチームができるのだろう？

彼女が一番にしたことは、「スタッフ一人ひとりとしっかり向き合う」ということでした。それぞれのスタッフの個性を見極め、長所を伸ばし、短所をカバーし、店舗運営に活かされるよう最大限の努力を続けたのです。

数年後。彼女は再び、店長会議の壇上に上がることになりました。今度は前回とはまったく違う理由です。……なんと、優秀店長として表彰されたのです。

壇上の彼女は、自分のことは何ひとつ話しませんでした。彼女の口から出てきたのは、スタッフやお店を支えてくれる人たちへの感謝の言葉ばかりでした。

さらに数年後。家庭の事情もあり、彼女は会社を去ります。けれども数ヵ月後、「やはり、自分を活かすことができるのはこの仕事しかない！」と、仕事に復帰。会社をあげて、彼女の復帰を歓迎してくれたとのことです。

そして、いま……。彼女は店長の仕事をこなしながら、全国を駆けまわる仕事をしています。全国100店舗を超えるブランドの統括リーダーとなり、現場と本部をつなぐ仕事をしてほしいと、会社から任命されたそうです。

店長になったばかりのころ、彼女は社内でワースト1になってしまうほどの、落ちこぼれ店長でした。何度も辞めたいと思ったそうです。

彼女は自分がつらい思いをしたからこそ、現場でしんどい思いをしている店長やスタッフの気持ちがわかるのです。そして自分自身がどん底を経験したからこそ、そこから抜け出し、何度でも、一からやり直せることを知っているのです。

苦しい思い、くやしい思いをたくさんしたでしょう。人知れず泣き腫らした日々もあったでしょう。

だからこそ彼女は、多くの人から「慕われる店長」になれたのです。

もしもいま、あなたが「私なんて、店長なんか絶対ムリ！」と感じていたとしても、その経験は決して無駄にはなりません。多くの「慕われる店長」も、かつては同じように感じていたのですから――。

人は必ず変われます、いくつになっても。どんな状態からでも。

本書が、あなたの何かが変わるきっかけになれることを、心より願っています。

執筆に際しては、たくさんの方のお力をお借りしました。

ねぎらいカンパニーの坂本りゅういち先生、都築志摩先生、それから、全国の「ねぎらい実践者」のみなさん。みなさんの日々の活動や実践の一端が、こうしてかたちになり、全国の店長に届けられることを本当にうれしく思います。

いつも、本当にありがとうございます！

お店はいつもがんばっています。

これからも、そんなみなさんを応援させてくださいね。

2017年5月吉日

ねぎらいカンパニー代表　兼重日奈子

兼重日奈子　Hinako Kaneshige
ねぎらい学アカデミー、ねぎらいカンパニー代表

アパレルショップ店長、エリアマネージャーなどを経て、2000年に独立。ショップコンサルタントとして全国のべ1万店舗の臨店指導を行う。現場で奮闘する店長、販売スタッフの姿に触れ「ねぎらい」（成果の有無にかかわらず、労苦に感謝すること）の重要性に気づく。2009年に社名を（有）ねぎらいカンパニーに変更。「すべての人が、“自分が必要とされていること”を実感できるとともに、家庭や職場でも、互いに感謝とねぎらいの気持ちがあふれる社会をつくる」をミッションに掲げ、「ねぎらい」を伝える活動をスタート。「ねぎらいワーク」を取り入れた「幸せな売場（職場）のつくり方セミナー」では、上司からのねぎらいレターに嗚咽し、上司との関係が劇的に変化する参加者が続出。「離職率低下の特効薬」として、これまでのリーダーシップや部下育成のあり方に一石を投じる。また私生活では、家族の借金を抱え、家族がバラバラになりかけたとき「身近な家族にこそ、ねぎらいが必要」と確信。その壮絶なエピソードを綴った『職場も家庭もうまくいく「ねぎらい」の魔法』（角川フォレスタ）は、多くの共感を得てAmazon恋愛・パートナー部門ランキング1位を獲得。著書に『幸せな売場のつくり方』（商業界）、『悩める店長へ!!　元気を贈る39の質問』（繊研新聞社）他多数。多くの講師を抱える研修会社の経営者の立場からも、職場、家庭、そして自分自身にも「ねぎらい」が必要であり、実践者であり続けることを信条としている。
夫と2人の息子、実母と暮らし、妻であり、母であり、娘でもある。

本書をご購入いただいたあなたに「いますぐ使えるねぎらいワード集」をプレゼント！

ねぎらい学アカデミーサイト
http://negiraigaku.com/

ねぎらいカンパニー
http://kaneshigehinako.com/

慕われる店長になるために大切なこと
幸せな売り場をつくるねぎらいの技術

2017年5月26日第1版第1刷発行

著者　兼重日奈子
発行者　玉越直人
発行所　WAVE出版
〒102-0074　東京都千代田区九段南3-9-12
TEL　03-3261-3713　FAX　03-3261-3823
振替　00100-7-366376　E-mail:info@wave-publishers.co.jp
http://www.wave-publishers.co.jp/

印刷・製本　シナノパブリッシングプレス

ISBN978-4-86621-043-8　NDC914 191P 19cm